C & Q

A HEMODIÁLISE EM QUESTÃO:
opção pela qualidade assistencial

Dados Internacionais de Catalogação na Publicação (CIP)
(Câmara Brasileira do Livro, SP, Brasil)

A Hemodiálise em questão: opção pela qualidade assistencial / organizadores Tamara Iwanow Cianciarullo, Fernanda Maria Togeiro Fugulin, Sandra Andreoni. – São Paulo: Ícone, 1998.

Vários autores.
ISBN 85-274-0512-1

1. Hemodiálise 2. Hemodiálise – Controle de qualidade I. Ciancirullo, Tamara Iwanow. II. Fugulin, Fernanda Maria Togeiro. III. Andreoni, Sandra.

98-0968

CDD-617.461059
NLM-WJ 358

Índices para catálogo sistemático:

1. Hemodiálise: Ciências médicas   716.461059

ORGANIZADORES

TAMARA IWANOW CIANCIARULLO
FERNANDA MARIA TOGEIRO FUGULIN
SANDRA ANDREONI

A HEMODIÁLISE EM QUESTÃO:
opção pela qualidade assistencial

© Copyright 1998.
Ícone Editora Ltda

Capa
Willian Jones Jr.

Diagramação
Rosicler Freitas Teodoro

Revisão
Antônio Carlos Tosta

Proibida a reprodução total ou parcial desta obra,
de qualquer forma ou meio eletrônico, mecânico,
inclusive através de processos xerográficos,
reprodução para CD, audio-visual etc., sem permissão
expressa do editor (Lei nº 5.988, 14/13/1973).

Todos os direitos reservados pela
ÍCONE EDITORA LTDA.
Rua das Palmeiras, 213 – Sta. Cecília
CEP 01226-010 – São Paulo – SP
Tels. (011) 826-7074/826-9510

Autores

ANTÔNIO FERNANDES COSTA LIMA
- Enfermeiro do Serviço de Hemodiálise do Hospital Universitário da Universidade de São Paulo
- Especialização em Enfermagem em Cuidados Intensivos

DULCE MARIA ROSA GUALDA
- Obstetriz
- Doutora em Enfermagem pela Escola de Enfermagem da Universidade de São Paulo
- Professor Doutor do Departamento de Enfermagem Materno Infantil e Psiquiátrica da Escola de Enfermagem da Universidade de São Paulo
- Diretora do Departamento de Enfermagem do Hospital Universitário da Universidade de São Paulo
- Presidente da Comissão Interna de Gestão da Qualidade e Produtividade do Hospital Universitário da Universidade de São Paulo

FERNANDA MARIA TOGEIRO FUGULIN
- Enfermeira
- Especialização em Administração de Serviços de Saúde e Administração Hospitalar
- Mestre em enfermagem pela Escola de Enfermagem da Universidade de São Paulo
- Pós-Graduanda – Nível Doutorado da Escola de Enfermagem da Universidade de São Paulo
- Diretora da Divisão de Enfermagem Médico Clínica do Departamento de Enfermagem do Hospital Universitário da Universidade de São Paulo
- Membro do Grupo de Estudos do Sistema de Assistência de Enfermagem do Departamento de Enfermagem do Hospital Universitário da Universidade de São Paulo

LÁZARA MARIA MARQUES RAVAGLIO
- Enfermeira
- Chefe da Seção de Emergência do Hospital Universitário da Universidade de São Paulo
- Membro do Grupo de Estudos de Padrões e Auditoria do Departamento de Enfermagem do Hospital Universitário da Universidade de São Paulo
- Membro do Grupo de Estudos do Sistema de Assistência de Enfermagem do Departamento de Enfermagem do Hospital Universitário da Universidade de São Paulo

MARIANA FERNANDES DE SOUZA
- Enfermeira
- Doutora em Ciências (UFRGS)
- Pós Doutorado na Teachers College - Columbia University (EUA)
- Livre Docente em Introdução à Enfermagem (UFRGS)
- Professora Titular do Departamento de Enfermagem da Universidade Federal de São Paulo

SANDRA ANDREONI
- Obstetriz
- Presidente do Grupo de Estudos de Padrões e Auditoria do Departamento de Enfermagem do Hospital Universitário da Universidade de São Paulo
- Membro do Grupo de Estudos do Sistema de Assistência de Enfermagem do Departamento de Enfermagem do Hospital Universitário da Universidade de São Paulo
- Especialização em Administração Hospitalar

SANDRA MAYUMI OSAWA FUZII
- Enfermeira do Serviço de Hemodiálise do Hospital Universitário da Universidade de São Paulo

TAMARA IWANOW CIANCIARULLO
- Enfermeira
- Doutora em Sociologia da Saúde
- Professora Titular da Universidade de São Paulo e da Universidade Federal de Santa Catarina
- Consultora da Universidade de Santo Amaro (UNISA)
- Diretora da Escola de Enfermagem da Universidade de São Paulo (1992 a 1995)
- Consultora do Grupo de Estudos de Padrões e Auditoria do Departamento de Enfermagem do Hospital Universitário da Universidade de São Paulo
- Consultora em Programas de Qualidade Assistencial

TEREZINHA HIROKO FUJIKI HASHIMOTO
- Enfermeira do Serviço de Hemodiálise do Hospital Universitário da Universidade de São Paulo
- Especialização em Administração Hospitalar

Prefácio

O desconhecimento, a despreocupação e o descaso com procedimentos invasivos, têm sido testemunhados pela sociedade brasileira, de forma contundente por meio da mídia.

Mortes preveníveis de pacientes em programas de hemodiálise em diversas regiões do país têm tido um destaque importante nos jornais e programas de televisão. A culpa tem sido atribuída à água e aos equipamentos, em primeira e em última instância.

Mas, para aqueles profissionais que trabalham na área e outros que buscam desenvolver indicadores de qualidade na área de saúde, "há algo a mais nesta fronteira".

As associações profissionais, as sociedades científicas e leigas, os centros universitários de excelência e os núcleos de pesquisa de ponta, sabem que os problemas não se limitam apenas a estes dois aspectos, mas caracterizam-se por uma pleiade de agentes interdependentes que se reportam ao preparo, ao treinamento e à educação continuada das pessoas e profissionais que lidam com os pacientes, com as máquinas, com o ambiente e principalmente com os indicadores de qualidade de estrutura, dos processos e dos resultados obtidos e mantidos nos diferentes serviços existentes.

Esta obra visa promover um arranjo sistematizado das normas existentes nos níveis federal e estadual, expresso por meio de instrumentos passíveis de utilização em todo e qualquer serviço de hemodiálise preocupado em alcançar, manter e garantir uma qualidade de assistência ao paciente.

Os enfermeiros do Hospital Universitário da Universidade de São Paulo, preocupados em divulgar estas metas, sintetizaram de forma competente neste livro os principais aspectos inerentes a este processo, visando subsidiar profissionais e orientar usuários em programas de hemodiálise.

A Diretoria do Departamento de Enfermagem por sua vez, merece um destaque especial por compreender, apoiar e estimular a produção desta obra, visando o objetivo maior do Departamento: desenvolver a assistência cuidativa em âmbito universitário.

Tamara Iwanow Cianciarullo

Sumário

Introdução 11

Capítulo I
O Trabalho do Enfermeiro nos Hospitais de Ensino 13

Capítulo II
Humanização do Processo de Cuidar 23

Capítulo III
Cidadania e Qualidade de Vida 31

Capítulo IV
O Processo de Cuidar 37

Capítulo V
A Qualidade no Serviço de Hemodiálise 51

Capítulo VI
Elaborando e Desenvolvendo Padrões
e Critérios de Qualidade 59

Capítulo VII
O Processo de Controle de Qualidade 79

Capítulo VIII
Optando pela Qualidade numa Perspectiva de Mudança 101

Introdução

Esta obra retrata o trabalho dos enfermeiros do Serviço de Hemodiálise e de membros do Grupo de Estudos de Padrões e Auditoria do Hospital Universitário da Universidade de São Paulo que, em conjunto, têm procurado aperfeiçoar o Sistema de Assistência de Enfermagem, em consonância com a filosofia assistencial do Departamento de Enfermagem. Este sistema possibilita ao enfermeiro ser produtor, implementador e controlador da assistência prestada ao ser humano, imprimindo à sua coordenação, eficiência e eficácia e conseqüentemente elevando o nível da qualidade assistencial.

Os autores têm como objetivo divulgar e compartilhar esta lógica de trabalho, que pode contribuir para instrumentalizar enfermeiros preocupados em assistir com qualidade aos pacientes renais crônicos, em programas de hemodiálise.

Parte-se de um contexto amplo de reflexão sobre o trabalho dos enfermeiros nos hospitais de ensino, destacando a necessidade do reconhecimento do seu valor e do seu papel frente às transformações e à busca de soluções para os problemas assistenciais com que defrontam as instituições e o sistema de saúde atual.

Na perspectiva do cliente são analisados os conceitos de humanização, cidadania e qualidade de vida, que articulados transcendem a esfera biológica e permitem englobar os aspectos psicossociais do ser humano inseridos no *continuum* do processo saúde-doença, nas diversas etapas do ciclo vital.

Atendendo o objetivo principal deste livro são apresentados os pressupostos de qualidade assistencial para os serviços de hemodiálise, incluindo aspectos relativos aos recursos materiais e humanos, destacando a necessidade do suporte de um programa de desenvolvimento voltado para o treinamento da equipe de enfermagem.

O processo de cuidar é descrito de forma sistematizada, fundamentado no sistema assistencial vigente há quase duas décadas e redimensionado sempre que foram detectadas possibilidades de melhoria.

Os padrões e critérios de qualidade, constituindo-se num dos pontos mais importantes de qualquer processo de gestão voltado para a qualidade, foram elaborados a partir da experiência e da prática dos enfermeiros. São descritos minuciosamente definindo categorias e formas de apresentação dos mesmos.

Os processos de controle de qualidade específicos do Serviço de Hemodiálise são apresentados explicitando-se os critérios, os componentes e as formas de mensuração utilizadas. A utilização dos resultados nas diversas instâncias de ação e dimensão são demonstrados numa visão seqüenciada apontando para ajustes e mudanças necessárias.

Os autores

O Trabalho do Enfermeiro nos Hospitais de Ensino*

Mariana Fernandes de Souza

A reflexão sobre o trabalho do enfermeiro nos hospitais de ensino, necessariamente nos leva à consideração de aspectos contextuais desses hospitais, principalmente aspectos da realidade socioeconômica e do sistema de saúde.

O Brasil possui uma extensa área territorial, é privilegiado com uma natureza rica e exuberante, porém, é um país em desenvolvimento, com ilhas de primeiro mundo e muito de subdesenvolvimento.

A conjuntura nacional na década de 80, caracterizou-se por forte crise econômica e social com altas taxas de inflação, queda do produto interno bruto, má distribuição de renda e desemprego. Esta situação aumentou a deficiência no atendimento à saúde da população.

FRANCO e col. (1989), assim caracterizam as repercussões dessa crise: "Esse quadro tem exacerbado a situação de saúde da população brasileira, caracterizada pela disparidade de convivência das 'doenças da pobreza' com as chamadas 'doenças modernas' que se apresentam de modo significativo e crescente. Estas disparidades prevalecem de forma acentuada entre regiões do país e os distintos grupos e classes sociais". Esses mesmos autores, afirmam que "com o realinhamento das forças democráticas e progressistas, a sociedade brasileira e o governo reconheceram a crise instalada no setor saúde, configurada pela irracionalidade das ações, gastos crescentes com a assistência médico-hospitalar e ineficiência do atendimento às necessidades de saúde da população".

A gravidade da situação levou a várias tentativas para reorganizar a assistência à saúde: em 1981, constitui-se o Conselho Consultivo da Saúde Previdenciária – CONASP, tendo como objetivo a reorganização da assistência médica, redução de custos e controle de gastos. A partir de 1983, foi criado o Programa de Ações Integradas de Saúde – AIS, transformado posteriormente em estratégia, para articular por meio de convênios, o INAMPS, o Ministério da Saúde e as Secretarias Estaduais de Saúde. Em 1986, foi realizada a VIII Conferência Nacional de Saúde – CNS, a qual foi convocada com o objetivo de subsidiar a Assembléia Nacional Constituinte nos aspectos da saúde na nova Constituição Brasileira e leis subseqüentes (BUSS, 1995).

Durante a CNS, três temas básicos foram discutidos:
1. Saúde como direito inerente à cidadania e personalidade.
2. Reformulação do Sistema Nacional de Saúde.
3. Financiamento do Setor Saúde.

(CONFERÊNCIA NACIONAL DE SAÚDE, 8, 1986)

---

* Trabalho aprsentado no IV ENFESP – São Paulo, 31/07/97.

No desenvolvimento do segundo tema foi proposto como principal objetivo a criação do Sistema Único de Saúde – SUS, o qual seria descentralizado e regionalizado, com garantia de acesso do usuário a todos os níveis de complexidade, superando a dicotomia entre ações preventivas e curativas, e também a criação de uma política de recursos humanos para a saúde.

SISTEMA ÚNICO DE SAÚDE – LEGISLAÇÃO

A Constituição do Brasil de 1988 explicita a organização da saúde em seus artigos de números 196 ao 200 (BRASIL, 1988).

O artigo 196 diz que: "A saúde é direito de todos e dever do Estado, garantido mediante políticas sociais e econômicas que visem à redução do risco de doença e de outros agravos e ao acesso universal e igualitário às ações de serviços para sua promoção, proteção e recuperação".

Segundo BUSS (1995), a nova Constituição Federal apresenta três componentes essenciais: o conceito de saúde equacionado pelas políticas econômicas sociais e as ações de promoção e recuperação da saúde; saúde como direito universal e igualitário dos cidadãos e o dever do Estado de assegurar este direito; criação de um modelo de organização explicitado pelo Sistema Único de Saúde – SUS.

O SUS é da responsabilidade dos governos federal, estadual e municipal, e segue os mesmos princípios em todo território nacional. Este sistema tem como princípios, a universalidade, a eqüidade e a integralidade. Pela universalidade é garantido a todo e qualquer cidadão o acesso a todos os serviços de saúde. O princípio da eqüidade é associado ao conceito de justiça social, ou seja, assegurar que todo cidadão deve ser atendido conforme suas necessidades, independentemente de diferenças econômicas e sociais A integralidade compreende o atendimento às pessoas como seres indivisíveis que devem receber assistência integral nos aspectos de promoção, proteção e recuperação da saúde.

Quanto à organização, o SUS deve seguir os seguintes princípios: a) regionalização e hierarquização que dizem respeito a organização dos serviços de saúde em crescente complexidade (Postos de Saúde, Centros de Saúde, Ambulatórios e Hospitais de níveis secundário e terciário e Unidades de Emergência); b) referência e contra-referência, é o fluxo do paciente, sendo a referência o seu encaminhamento para uma unidade de maior complexidade, e a contra-referência é seu encaminhamento à unidade de origem após a resolução do problema que ocasionou a referência; c) resolutividade – é a capacidade do serviço de saúde para resolver os problemas de saúde em seu nível de competência; d) descentralização – distribuição de responsabilidades nos âmbitos municipal, estadual e federal, de acordo com as atribuições e competência de cada nível; e) participação dos cidadãos – participação da população na formulação das políticas de saúde e no controle de sua execução; esta participação se efetua através de entidades representativas, Conselhos de Saúde e nas Conferências de Saúde; f) participação do setor privado – através de contratação de serviços, de forma complementar, e seguindo os princípios do SUS.

As propostas da VIII Conferência Nacional de Saúde, os princípios e diretrizes constitucionais estenderam-se, no plano federal, à Lei Orgânica da Saúde – LOS – Lei 8.080/aprovada em 19 de setembro de 1990 e Lei 8.142 em 28 de dezembro de 1990. Estas leis regulam, em todo o território nacional, as ações e serviços de saúde, sejam executados pelo Poder Público, ou pela iniciativa privada.

CARVALHO e SANTOS (1995) comentam que a legislação nacional avançou na área da saúde que é hoje tratada na Constituição em uma seção especial do Capítulo da Seguridade Social; é caracterizada como de relevância pública e um direito social; prevê a participação da comunidade; o conceito de saúde foi ampliado, deixando de significar apenas "serviços médicos – assistenciais". A saúde é o resultado de múltiplas determinações, decorrentes de fatores biológicos, meio físico, contexto socioeconômico e oportunidades de acesso aos serviços assistenciais. O direito social à saúde implica em condições dignas de trabalho, de renda, de alimentação, de educação, de moradia, de saneamento, de transporte e lazer. "Temos assim a Constituição e a Lei Orgânica da Saúde a dizer do direito do cidadão à Saúde e a impor ao Estado o dever de garanti-lo, seja diretamente, mediante assistência médica e hospitalar e ações preventivas, seja por via de políticas econômicas e sociais que condicionam e determinam o estado de saúde individual e coletiva."

BUSS (1995) afirma que as conquistas jurídico-legais obtidas na área da saúde, não se expressaram na melhoria dos serviços oferecidos na ampliação da cobertura. Comenta este autor as dificuldades de implementação da descentralização/ municipalização do sistema de saúde e o controle social que se constituíram na temática central da IX Conferência Nacional de Saúde, realizada em agosto de 1992. Essas dificuldades são de várias naturezas: problemas de caráter gerencial nos três niveis de governo; escassez de recursos financeiros levando ao "sucateamento das instituições públicas do setor, ao aviltamento dos preços dos serviços comprados à rede pública pelo SUS e a salários absolutamente incompatíveis com as responsabilidades que pesam sobre os profissionais de saúde"; o corporativismo e descompromisso dos profissionais da saúde, o absenteísmo; a baixa qualidade da relação com os usuários; o despreparo para as ações de saúde. "As práticas dominantes nos serviços de saúde voltadas essencialmente para o indivíduo e eminentemente assistenciais e hospitalares, possuem baixa resolutividade e são freqüentemente ineficazes, quando se considera o quadro epidemiológico prevalente, ou, mais amplamente, as necessidades sociais em saúde".

Em 1996, foi realizada a X Conferência Nacional de Saúde que também tratou da municipalização, e teve como tema central: "Construindo um modelo de atenção à saúde para a qualidade de vida".

Os profissionais da saúde devem estar conscientes da realidade de que, apesar das iniciativas e medidas tomadas, a implantação do SUS ainda não se concretizou como um sistema único, descentralizado e democrático, muitos obstáculos precisam ser ainda vencidos para a sua concretização. MELO (1996) afirma que "cabe ao Estado regular o funcionamento do SUS, não só através da aprovação de leis, mas com uma política bem definida, colocá-lo em prática. Cabe a nós, quer enquanto profissionais da saúde ou cidadãos comuns, participarmos ativamente das reformas necessárias à viabilização prática e concreta de um qualificado e real Sistema Único de Saúde".

SISTEMA DE SAÚDE E OS HOSPITAIS

Os hospitais precisam se adequar a fim de atender ao modelo assistencial preconizado pelo SUS. É necessário fazer mudanças na estrutura organizacional e na mentalidade das pessoas para que queiram realmente implantar o modelo integrado, regionalizado e hierarquizado de assistência à saúde (MELO, 1996). Esta autora enfatiza que os hospitais públicos têm um papel fundamental para a consolidação do SUS. É para estes hospitais que a população carente e sem recursos para procurar outros serviços de saúde, dirige sua demanda de atenção às suas crescentes necessidades de assistência; eles cumprem uma função pública de elevada importância quanto a atender os dispositivos constitucionais e da Lei Orgânica da Saúde, uma vez que atendem os usuários de acordo com suas necessidades sem ter o lucro como objetivo primeiro, o tipo de repasse da verba pelo serviço prestado. Esta situação acarreta sobrecarga e carência de recursos nesses hospitais. Apesar disto, eles têm exercido o papel de sustentação para o SUS, papel fundamental de apoio à assistência primária, a responsabilidade pela assistência secundária e terciária e pela promoção da educação contínua do pessoal de saúde e da investigação.

A Lei Orgânica da Saúde prevê a integração dos hospitais universitários públicos e privados, e de ensino no SUS mediante convênio (Art. 45). Devido a autonomia universitária que se estende aos hospitais vinculados a este tipo de instituição, há a necessidade do convênio para regular as especificidades dessa integração, a qual é obrigatória, mas não automática (CARVALHO e SANTOS, 1995).

Os hospitais de ensino são em geral hospitais de grande porte, centros de referência (SUS), prestando assistência nos aspectos preventivos, curativos de reabilitação e de urgência. Têm ao mesmo tempo objetivos de servir de campo de aprendizado para estudantes de cursos da área da saúde e desenvolver a pesquisa científica.

Segundo TREVIZAN (1988) a preocupação com os objetivos educacionais e assistenciais determina para o hospital de ensino uma estrutura mais complexa onde interagem professores, alunos, funcionários e pacientes. Esses grupos diversos têm suas expectativas, comportamentos e valores, donde, apesar da normatização administrativa, surgem conflitos no desenvolvimento das atividades assistenciais, educacionais e de pesquisa. No hospital de ensino o esforço conciliatório entre a orientação acadêmica e a administração hospitalar tem que ser constante. Esta autora afirma que no hospital universitário "a função assistencial é afetada pelo ensino, a assistência que os pacientes recebem reflete o desempenho do corpo docente e do hospital como um todo. Por sua vez, a qualidade do ensino é influenciada pela qualidade da assistência prestada".

Neste mesmo sentido, BITTAR (1997) diz que "o hospital é uma instituição complexa, onde atividades industriais são mescladas com ciência e tecnologia de procedimentos diretamente utilizados em humanos, com componentes sociais, culturais e educacionais, interagindo na estrutura, no processo e nos resultados".

O ENFERMEIRO NOS HOSPITAIS DE ENSINO

O desenvolvimento das atribuições do enfermeiro em uma instituição conveniada com o SUS, foi objeto de uma investigação realizada por MELO (1996). O campo desta pesquisa foi um hospital universitário de grande porte. Preocupada com a influência do sistema de saúde no trabalho de enfermagem, a autora estabeleceu como objetivo "conhecer e analisar a opinião dos enfermeiros sobre as modificações ocorridas na prestação da assistência de enfermagem em uma Instituição Hospitalar após sua inserção ao Sistema Único de Saúde (SUS)".

Os resultados desta pesquisa mostraram que os enfermeiros perceberam alterações relacionadas ao paciente, ao pessoal de enfermagem e às ações do enfermeiro. Serão comentados, de modo sucinto, alguns tópicos sobre essas alterações.

Quanto ao paciente, a mudança foi relativa à maior gravidade e complexidade de seu estado clínico e ao aumento do número e fluxo destes, tanto nas unidades de internação quanto na ambulatorial. Houve também a percepção de que os pacientes são mais esclarecidos, mais críticos e de melhor nível socioeconômico e que exigem mais os cuidados. A autora comenta que "a complexidade apresentada pelo paciente, e percebida pelos enfermeiros, vem ao encontro dos pressupostos do SUS para uma instituição no nível terciário de assistência, ou seja, destina-se a receber todo e qualquer tipo de caso, por mais complexo que ele seja. Para tanto, deve ser um hospital dotado de todas as especialidades médicas para suprir as necessidades da população".

O hospital escola é o que apresenta estas condições: grande número de especialidades médicas, unidades de internação de grande complexidade (UTI, Diálise, Transplantes, Quimioterapia etc.), e investimento em altas tecnologias para atender seus objetivos de assistência, ensino e pesquisa.

Analisando as mudanças relativas ao pessoal de enfermagem, a pesquisadora considera o fato deste pessoal ser o mais numeroso no hospital. Os enfermeiros afirmam que há dificuldade em manter a quantidade necessária e que a rotatividade é alta, ponderando como principal causa os baixos salários e a necessidade de dupla jornada. Dizem que com a falta de recursos humanos, a qualidade da assistência piorou e tem estado abaixo dos padrões de excelência pretendido pela instituição. Outro fator considerado foi a carência do sistema educacional e queda na qualidade do ensino, comprometendo a formação dos profissionais.

A falta de recursos humanos em quantidade e qualidade influencia diretamente a quantidade e qualidade da assistência prestada ao paciente.

Quanto às ações do enfermeiro, a autora diz que a enfermagem atravessa um período de transição diante da previsão de assistência integral pelo SUS. "Os serviços de enfermagem ainda estão voltados para a doença, orientados para necessidades individuais prementes, centrados nas tarefas, com objetivos imediatos e executados, em sua maioria, por pessoal não qualificado."

Os enfermeiros opinaram que seu trabalho era mais próximo ao paciente ao qual prestavam uma assistência global, e que hoje a assistência parece mais tumultuada, não havendo tempo para um relacionamento mais efetivo com o paciente. Os cuidados são ministrados de forma mais rápida e voltados para situações específicas. Os enfermeiros têm executado ações de assistência direta, nem sempre de maior complexidade técnica, devido a falta de outros elementos da equipe de enfermagem.

Em relação às funções administrativas, observam que o seu desenvolvimento não tem se dado de modo satisfatório, provavelmente devido a interferência do reduzido número de funcionários e ao déficit de recursos materiais.

É necessário dizer que são feitas observacões de que várias das opiniões emitidas pelos enfermeiros sobre as mudanças ocorridas não foram vinculadas ao SUS, e a própria autora comenta que elas podem ter como causa outras variáveis e que o "SUS pode não ter sido o único ou maior desencadeador de transformações na instituição neste momento". No item, origem das transformações para a enfermagem, a análise da autora é de que o convênio da instituição com o SUS ampliou a cobertura da população significando aumento do número de atendimento, realização de exames e problemas de saúde mais complexos, exigindo mais dos enfermeiros e interferindo diretamente sobre sua prática. Todavia, ressalta também fatores que podem estar favorecendo a ocorrência de mudanças dentro da instituição e vários deles são independentes dos enfermeiros, são relacionados com a conjuntura nacional: política salarial, desemprego, investimentos pequenos no setor saúde. A conclusão sobre a origem das transformações é a de que eles se devem "a vários fatores, dentre os quais a política governamental de saúde, a política da própria instituição, a evasão do pessoal de enfermagem e a adesão do Hospital – HC – ao SUS".

Os enfermeiros precisam ter uma lúcida consciência do seu valor. Não é possível a assistência sem a participação da enfermagem, a qual é essencial nas instituições de saúde, representando o grupo profissional que passa maior tempo junto do paciente, devendo manter com o mesmo uma interação relevante. Na área hospitalar seu trabalho se revela em ações de administração do cuidado seja direta ou indiretamente. Segundo SOUZA (1992), o enfermeiro gera procedimentos para promover o conforto, ajudar o paciente a cooperar com o tratamento, a enfrentar a situação de doença, a diminuir o estresse e para a educação e prevenção da enfermidade. No cumprimento da prescrição médica, o enfermeiro não se comporta como mero executor, mas ao realizar o procedimento técnico, ele exercita sua capacidade de interação, observação, avaliação, julgamento e tomada de decisões. Na administração da unidade, observa regulamentos e normas, mas gerencia e organiza o cuidado do paciente, coordena atividades de provimento de materiais e equipamentos e de relação com outros setores da instituição.

As funções administrativas têm um predomínio na atividade do enfermeiro, as quais consomem a maior parte do seu tempo. Estas funções são também esperadas pelos elementos que compõem a estrutura administrativa do hospital. MELO e Col.

(1996) realizaram uma pesquisa para averiguar as expectativas do administrador hospitalar em relação a essas funções do enfermeiro, concluindo que os administradores esperam que as funções de planejamento, organização, direção e controle sejam realizadas pelo enfermeiro.

As autoras expressam a opinião de que as funções assistenciais e administrativas se complementam não havendo dicotomia entre elas. Enfatizam ainda que o enfermeiro é administrador da assistência de enfermagem prestada ao paciente, e que o gerenciamento de recursos humanos, materiais e instalações é voltado para a assistência de enfermagem de acordo com as necessidades dos pacientes.

A magnitude e amplitude dessas funções exige que a instituição hospitalar ofereça recursos humanos, tecnológicos e materiais adequados. Como prestar assistência dentro das limitações existentes no sistema e nas instituições de saúde no momento atual? A resposta a esta indagação não é simples e nem se dispõe de soluções a curto prazo, todavia, algumas reflexões podem e devem ser feitas sobre a busca de soluções para os problemas com que a assistência de enfermagem se defronta.

É dentro da atual condição em que se encontra o hospital de ensino que os profissionais da saúde têm que atuar, assumindo suas responsabilidades, buscando estratégias para melhorar a qualidade da assistência. Como bem explicita CIANCIARULLO, apud SILVA (1994), "antes de buscar a transformação da prática de saúde como um todo, o enfermeiro deve buscar a transformação de sua realidade, visando a melhoria da qualidade de suas ações e por meio destas, contribuir com sua parcela social para o bem estar da população".

Segundo SILVA (1994), a qualidade não deve ser visualizada como meta, mas como um processo contínuo. Afirma que as estratégias que possibilitam ao enfermeiro o controle da qualidade da assistência, exigem seu comprometimento e competência técnico-científica, resgatando para o profissional e para a categoria a importância do seu papel no contexto da assistência à saude.

Para prestar uma assistência competente tanto em conhecimentos e habilidades, como também com dimensão ética e humana, é necessário que o enfermeiro saiba identificar as necessidades e expectativas do paciente, planejar, prescrever e implementar a assistência adequada e avaliar a assistência prestada. Isto só pode ser alcançado com o método sistematizado de assistência, ou seja, pelo processo de enfermagem, estratégia que possibilita a realização destas ações, além de documentá-las, favorecendo o controle da qualidade da assistência de enfermagem.

No alcance da qualidade da assistência faz-se necessário que todos os componentes da equipe de enfermagem estejam preparados, consciente da importância de suas ações e também compromissados com essa qualidade assistencial.

O preparo e a atualização de conhecimentos são adquiridos pelo investimento em treinamento e educação continuada. Os encontros dedicados a repensar a prática da enfermagem, podem ser automotivadores, aumentando a consciência profissional e renovando forças para a reorganização do trabalho.

MELO (1996) diz que para "propor modificações é preciso conhecer, entender, analisar e questionar, não só o que se passa ao seu redor, mas o sistema de saúde como um todo". Articular-se, discutir o sistema e o porque das mudanças, aumentando a percepção crítica da realidade sócioeconômica e o momento da política nacional de saúde, pode dar pistas para novas estratégias de trabalho.

Essas discussões podem produzir mudanças nas atitudes de conformismo, pouco questionamento e não envolvimento nas questões pertinentes ao sistema de saúde, à instituição e à assistência de enfermagem.

Problemas originados de causas externas à enfermagem, fora do seu poder de decisão, como orçamento financeiro, provisão de recursos humanos e materiais para a instituição, geram conseqüências e conflitos nos quais o enfermeiro freqüentemente se deixa envolver sem questionar. Em uma pesquisa para analisar a forma da administração em enfermagem exercida em um hospital universitário, FERRAZ (1995) afirma que "o enfermeiro tem aceitado de forma quase acrítica ser administrador do impossível na sua unidade de internação, intencionando fazer escalas de pessoal adequadas sem ter número de funcionários suficientes, sujeitando-se a realizar requisições de materiais sobrepostas para obter o mínimo necessário para o cuidado. Ao nosso ver, esse estilo de atuação demanda grandes investimentos profissionais sem a obtenção de resultados significativos para o cuidado de enfermagem, apenas, não deixa aflorar a desordem institucional".

Os enfermeiros sujeitos dessa investigação demonstraram seu descontentamento com o estilo de sua atividade administrativa. Faz-se necessária a libertação dos conteúdos relativos à tecnoburocracia para assumir o gerenciamento dos cuidados aos pacientes. As atividades que não são específicas da enfermagem, que descaracterizam seu trabalho, deveriam ser realizadas por outros profissionais.

Revitalizar o engajamento do enfermeiro no desenvolvimento científico-tecnológico do cuidado de enfermagem e o atendimento humanizado do paciente, é um ponto atual, importante e enfatizado pela autora acima citada, a qual também afirma que o interesse dos organizadores do hospital pela função administrativa do enfermeiro, está mudando para o interesse na "implementação dos avanços científicos e tecnológicos na assistência de enfermagem em complementaridade à terapêutica médica".

Esta tarefa exige o estabelecimento de relação de interdependência entre os profissionais da saúde, atuando na construção do trabalho assistencial e não dispendendo energias em "subalternizar a enfermagem".

A valorização do trabalho do enfermeiro, por ele próprio e pelos demais componentes da equipe de saúde, exercerá efeito benéfico sobre todos e, o que é mais importante, sobre a qualidade da assistência aos pacientes.

Aos enfermeiros cabe a responsabilidade de, em conjunto, descobrir estratégias para o seu desenvolvimento, para a produtividade e qualidade do cuidado, para não se distanciar de sua essência. Cabe aqui uma referência ao órgão formador, mesmo não tendo sido este o foco destas reflexões, pois as escolas ou departamentos de enfermagem precisam, além de servir de ponto de apoio aos enfermeiros que atuam no campo hospitalar, descobrir meios para uma maior inserção no hospital, para que sua produção científica cause maior impacto na qualidade da assistência de enfermagem.

Ao hospital de ensino cabe atribuir ao enfermeiro salário compatível com suas responsabilidades e oferecer-lhe condições de desenvolvimento profissional.

Para operar mudanças na administração tecnoburocrática em enfermagem, é necessário o apoio das divisões, ou setores que se ocupam das atividades meio no hospital de ensino.

O esforço conjugado dos que ocupam os cargos da administração superior do hospital e dos enfermeiros, para buscar a reorganização do trabalho, por certo fará crescer a qualidade da assistência e das condições de ensino e pesquisa.

Se os enfermeiros tiverem condições e quiserem assumir seu trabalho com prazer e como meio de realização pessoal, por certo a assistência aos doentes será de alta qualidade, atingindo portanto, resultados eficazes, efetivos e eficientes.

REFERÊNCIAS BIBLIOGRÁFICAS

BITTAR, O.J.N.V. *Hospital qualidade e Produtividade*. São Paulo, Sarvier, 1997.

BRASIL. *Constituição da República Federativa do Brasil*, 1988. Brasília, Horizonte Editora Ltda, 1988.

BUSS, P.M. Saúde e desigualdade: o caso do Brasil. In: BUSS, P.M.; LABRA, M.E. *Sistema de Saúde*: continuidades e mudanças. São Paulo, HUCITEC, 1995.

CARVALHO, G.I.; SANTOS, L. *Sistema Único de Saúde*: comentários à Lei Orgânica da Saúde (Lei 8.080/90 e Lei 8.142/90). 2ª ed. São Paulo, Editora HUCITEC, 1995.

CONFERÊNCIA NACIONAL DE SAÚDE, 8., Brasília, 1986. *Anais*. Brasília, Centro de Documentação do Ministério da Saúde, 1987.

FERRAZ, C.A. *A transfiguração da administração em enfermagem*: da gerência científica à gerência sensível. Ribeirão Preto, 1995. Tese (Doutorado) – Escola de Enfermagem de Ribeirão Preto, Universidade de São Paulo.

FRANCO, L.H.R.O.; ADAMI, N.P.; GAMBA, M.A.; LEITE, E.C.S.; BRÊTAS, A.C.; PERE1RA, A.L.; RANSAN, L.M.O; MULLIN, M.F. Reflexões e subsídios para a organização da enfermagem no SUDS-SP. *Acta Paul. Enfermagem*, v.2, n.3, p.73-8, 1989.

MELO, M.R.A.C. *O Sistema Único de Saúde e as ações do enfermeiro na instituição hospitalar*. Ribeirão Preto, 1996. Tese (Doutorado) – Escola de Enfermagem de Ribeirão Preto, Universidade de São Paulo.

MELO, M.R.A.C.; FAVERO, N.; TREVIZAN, M.A.; HAYASHIDA, M. Expectativa do administrador hospitalar frente as funções administrativas realizadas pelo enfermeiro. *Rev. Latinoam. Enfermagem*, v. 4, n. l, p. l31-44, 1996.

SILVA, S.H. *Controle da qualidade assistencial de enfermagem:* implementação de um modelo. São Paulo, 1994. Tese (Doutorado) – Escola de Enfermagem de São Paulo, Universidade de São Paulo.

SOUZA, M.F. Tendências da pesquisa em Enfermagem. *Rev. Esc. Enfermagem* USP, v. 26, n. esp., p.79-86, 1992.

TREVIZAN, M.A. *Enfermagem Hospitalar:* administração e burocracia. Brasília, UnB, 1988.

Humanização do Processo de Cuidar

Dulce Maria Rosa Gualda

Vivemos numa época em que o progresso da tecnologia médica oferece à sociedade a visão de um amplo universo de possibilidades para a resolução dos problemas de saúde. Ao mesmo tempo, propagam-se as manifestações de insatisfação quanto à forma de aplicação da tecnologia no cuidado e no tratamento do ser humano. Se por um lado, as críticas se referem aos efeitos produzidos pelas terapias agressivas e de longa duração, onerosa para o indivíduo e para a sociedade, caracterizada pela ausência de atitude humanitária por parte dos profissionais da saúde, por outro lado há questionamentos muito sérios quanto a eqüidade e universalidade derivados do direito à saúde e à assistência médica, principalmente no que se refere à assistência médico-hospitalar.

Iniciativas focalizadas, que têm a qualidade como meta a ser atingida, devem ser incentivadas, principalmente aquelas que busquem uma aproximação da ciência e da tecnologia aos valores humanos, que proponham mudanças no cuidado dos indivíduos e da coletividade, com base nas suas reais necessidades e que proponham a reexaminar e a redefinir a relação entre os profissionais e a clientela.

Nas últimas décadas, a enfermagem tem procurado formas de compreender o ser humano e apreender o significado do cuidado e do cuidar, para torná-lo congruente com sua visão de mundo e que possibilite a manutenção e o desenvolvimento de seu potencial de vida, através da utilização de instrumentos e técnicas específicas que lhe são próprios.

Para enriquecer a prática do cuidado de saúde, a enfermagem tem se apropriado de teorias, conceitos e métodos gerados, desenvolvidos e utilizados em outras áreas de conhecimento que fazem parte das ciências humanas, tais como a filosofia, psicologia, sociologia e antropologia, dentre outras. Esta aproximação tem sido benéfica para um atendimento mais humano do cuidado à saúde e tem desvendado aspectos obscuros da humanização no contexto profissional.

Adotar um abordagem humanizada nos serviços de saúde implica, fundamentalmente, aceitar o ser humano como singular e especial, cuja sobrevivência e qualidade de vida dependem de sua saúde física, mental e afetiva, assim como da descoberta e do reconhecimento do seu valor como pessoa. Portanto, permitir a manifestação da complexidade do outro e reconhecer o valor que certamente possui, se constitui a base para o desenvolvimento das relações interpessoais e possibilita o crescimento humano. (FERRAZ, 1996).

MENDES (1994), ao se posicionar sobre a questão da humanização no contexto da enfermagem, toma como premissa básica a valorização do homem enquanto pessoa, visualizando tanto a pessoa do doente quanto a pessoa do enfermeiro. Afirma que, genericamente, o relacionamento profissional tem como base o aspecto técnico-profissional. Porém, a enfermagem, enquanto profissão da saúde, mantém relação com a pessoa do doente e os demais a ele envolvidos e "o paciente não é apenas um ser acometido por uma doença. É uma pessoa, um eu". A prática da enfermagem só adquire razão de ser na pessoa cuidada, daquilo que é, no que representa no seu ambiente sociocultural, no processo interativo.

Humanizar a prática da enfermagem, implica assumir que o cuidado é um atributo humano essencial para sua sobrevivência, crescimento e desenvolvimento e que expressa características peculiares articuladas à dimensão tempo-espaço. Não pode ser abordado como um ato ou uma atividade isolada, mas como um fenômeno amplo inserido no contexto da vida e do viver, que precisa ser compreendido, respeitado e incorporado às decisões e às ações de enfermagem quando estas se tornam necessárias, por transcenderem a capacidade das pessoas de cuidarem de si próprias e demandarem ajuda profissional (LEININGER, 1991; OREM, 1985).

Segundo COLLIÈRE (1989) "toda a situação de cuidados é uma situação *antropobiológica*, isto é, diz respeito ao homem inserido no seu meio, composto por todas as espécies de laços simbólicos, por isso, a abordagem antropológica parece ser a forma mais adaptada para descobrir as pessoas e tornar significativas as informações que transportam". Para a autora, o processo antropológico é uma abordagem global, a qual considera que consiste em compreender que o fio condutor da vida de cada um não é feito de uma única fibra. Inclui situar as pessoas no seu contexto de vida, tentando compreender seus costumes, seus hábitos, suas crenças e seus valores, bem como reconhecer o impacto da doença e das limitações que lhe são inerentes em relação a esse contexto.

Ao se reportar sobre a abordagem antropológica torna-se essencial examinar alguns conceitos de cultura. Para LEININGER (1988) a cultura representa o conjunto de crenças, valores, normas de comportamento e práticas relacionadas ao estilo de vida, aprendidas, compartilhadas e transmitidas por um grupo específico que orientam o pensamento, as decisões e as ações de modo padronizado dos elementos de determinado grupo. Para SPRADLEY (1980) cultura refere-se ao conhecimento adquirido que as pessoas usam para interpretar a experiência e produzir o comportamento social. SCHWARTZ (1992) afirma que cultura é a adaptação primária do indivíduo. Consiste dos derivados da experiência, mais ou menos organizados, aprendidos ou criados pelos indivíduos de um grupo, os quais incluem as imagens, os códigos e as suas interpretações (significados), transmitidos de gerações passadas ou formadas pelos próprios indivíduos. O ponto comum dessas conceituações é que a cultura influencia a forma do indivíduo ver o mundo, comportar-se nas diversas situações e circunstâncias, na relação com outras pessoas e com o ambiente natural, vivenciar emocionalmente as experiências e a elas atribuir um significado específico.

O processo de tornar-se membro da cultura é gradual. Numa primeira etapa a família é que serve como ponto de referência. Posteriormente a pessoa começa interagir socialmente, vivenciar situações externas ao seu núcleo familiar, ampliar seus horizontes e a rede de contatos, assumir determinados atributos culturais em função dos estratos e categorias sociais nas quais vai se inserindo. Assim, constrói o arcabouço cultural que lhe confere identidade própria, da qual compartilha com o(s) grupo(s) humano(s) conceitos, regras e significados que compõem sua visão de mundo.

VELHO (1994), é concorde com tal posicionamento quando afirma que "assim como todos os homens em princípio interagem socialmente, participam sempre de um conjunto de crenças, valores, visão de mundo, *rede de significados* que definem a própria natureza humana. Por outro lado, *cultura* é um conceito que só existe a partir da constatação da diferença entre *nós* e os *outros*. Implica confirmação da existência de modos distintos de *construção social da realidade* com a produção de padrões e normas que contrastam sociedades particulares no tempo e no espaço". Cabe acrescentar que, conforme afirma HELMAN (1994), o contexto particular da cultura "compõe-se de elementos históricos, econômicos, sociais, políticos e geográficos. Isto significa que a cultura de qualquer grupo de pessoas em qualquer período no tempo é sempre influenciada por muitos outros fatores. Portanto, é impossível isolar crenças culturais e comportamentos *puros* no contexto social e econômico em que ocorrem". Daí a complexidade do *ser humano*, que na perspectiva do cuidar implica na visualização daquele que é cuidado exatamente como ele é, na sua singularidade além das máscaras impostas pela sua condição sociocultural. O cuidar/cuidado só passa a ter sentido a partir daquilo que o indivíduo é, do que representa para os demais, na relação com sua realidade, na maneira como vive, particularmente como vivencia o adoecer.

O processo de tornar-se doente afeta as pessoas de diversas maneiras e em diferentes graus de intensidade. É o contexto de diferentes relações sociais que influencia na concepção de doença, na ordenação e na significação dessa experiência (BORGES, 1995). Tentar compreender o tornar-se doente implica em considerar todas as esferas da construção da identidade, da multiplicidade das relações interpessoais, do estilo de vida e da biografia da pessoa.

Atualmente, há uma tendência de considerar as pessoas, não como portadoras de doença, mas como sendo as próprias doenças e de classificá-las segundo sua patologia, criando rótulos que anulam a individualidade e criam estigmas. Genericamente, pode-se afirmar que aqueles que vivenciam alterações no seu estado de saúde, deixam de pertencer a categoria do *ser saudável* – normal, para ocupar a categoria do *ser doente* – anormal. E cada grupo humano tem seu modo específico de lidar com a doença e com o doente e desempenha papel preponderante na construção do referencial para o indivíduo reelaborar sua identidade situacional e para perceber, interpretar, reagir e atribuir significado ao seu processo de adoecer, que são incorporadas às suas crenças e aos seus valores.

Um dos aspectos importantes a ser considerado apontado por CAMPOS (1996) é a desconstrução da relação binária saúde/doença. Concebe estas duas situações como distintas, mas que não se anulam como aparentemente pode-se pensar. Acrescenta ainda que "as ciências sociais revelam que o fenômeno saúde/doença não está reduzido à evidência *orgânica, natural,* mas está ligado a outros processos individuais e sociais nos quais os sujeitos, ao se inter-relacionarem, elaboram representações e assim constroem a noção de doença". Cabe ao enfermeiro trabalhar com o cliente na tentativa de desconstruir esta dicotomia e a eliminar esta lógica, o que facilita sua percepção como sujeito do próprio processo. As ações de enfermagem devem, então, ser direcionadas para auxiliar o doente a superar o impacto e os efeitos da doença, dar suporte à modificação do seu sistema de crenças e de valores e na reconstrução do significado da sua condição crônica. Este processo é complexo e demanda estratégias de enfrentamento por parte do indivíduo que convive com a alteração e daqueles que com ele se relaciona no seu ambiente familiar bem como de uma atitude compreensiva por parte de quem presta cuidado.

No caso específico dos pacientes que vivenciam a situação de hemodiálise, dois aspectos precisam ser examinados. Conviver com uma doença crônica e com o tornar-se dependente de uma máquina para sobreviver por tempo indefinido ou permanentemente.

Do ponto de vista clínico, a doença renal crônica é considerada um acometimento potencialmente grave que repercute em todos os órgãos e sistemas do organismo. O comprometimento do estado geral se manifesta através de sintomas e sinais que se tornam visíveis na própria fisionomia da pessoa afetada. A trajetória da doença pode ser longa e dolorosa, e a única esperança de reversibilidade é um novo rim. Os métodos dialíticos, dentre os quais a hemodiálise são utilizados como substitutos da função renal para a manutenção da vida, por tempo indeterminado ou permanentemente..

A determinação do tempo no processo de hemodiálise está condicionado à natureza da doença crônica, das condições físicas do indivíduo e da possibilidade de obtenção de órgão compatível para transplante, o que representa a melhor das alternativas, face ao seu problema de saúde. No entanto, à medida que o período de espera para o transplante se estende, as condições clínicas dos portadores da doença tendem a se agravar e as perspectivas que seus objetivos sejam atingidos se tornam cada vez mais remotas.

A hemodiálise pode prolongar a vida indefinidamente. Porém, não controla completamente as alterações, não cessa a evolução natural da doença e, a longo prazo, produz resultados imprevisíveis e inconstantes. Apesar de, modo geral, possibilitar a redução dos sintomas e melhorar a condição física das pessoas acometidas, pode ocasionar anormalidades, incômodos e complicações e ainda obrigam-nas a se submeterem a procedimentos médico-hospitalares freqüentes, esquemas terapêuticos rigorosos e exaustivos, cuidados e restrições para a manutenção de suas vidas, além de levá-los a conviver com profissionais especializados num ambiente que muitas vezes lhe é estranho e hostil.

Toda esta situação impõe ao indivíduo adaptações e mudanças no seu estilo de vida. WOODS e LEWIS (1995) afirmam que a doença crônica é uma experiência multidimensional que produz uma variedade de demandas. As autoras consideram demandas, as percepções sobre os eventos relacionados ou gerados pela doença e o tratamento, podendo ser apontados como problemas que criam dificuldades, causam estresse, preocupações ou representam desafio ao crescimento pessoal. Classifica estas demandas, de acordo com PACKARD e WOODS (1991), em: efeitos produzidos pela doença, desintegração pessoal ocasionada por suas conseqüências e as transações ambientais por ela requeridas. A primeira diz respeito à experiência física e psicossocial. A desintegração pessoal se refere aos desafios provocados ao senso de integralidade, de continuidade e de normalidade. A ruptura da integridade está relacionada às alterações da auto-imagem corporal; ao senso de continuidade, às atividades do cotidiano acrescidas das preocupações ocasionadas pelas atribuições e à elaboração do significado pessoal da doença; as alterações da normalidade incluem à monitorização das sensações e das funções corporais. Finalmente, as transações ambientais, são decorrentes das dificuldades encontradas nos relacionamentos com membros da rede social ou com profissionais.

Acrescentam que aspectos relativos à natureza da doença, recursos sociais e econômicos interferem diretamente nas demandas. A natureza da doença engloba a gravidade, as repercussões no organismo, a associação a outras afecções e a duração. Recursos sociais são os de suporte da rede familiar e social. Recursos econômicos são representados pela disponibilidade financeira para subsistência e tratamento. Assim sendo, pode-se afirmar que a experiência do estar ou ser doente é singular e está sujeita à oscilação determinada pelo ambiente socioeconômico-cultural.

Neste contexto, para alguns, a vida passa a girar em torno da doença e do tratamento, tornando-se desinteressante e desprovida de sentido diante das limitações e restrições impostas. Para outros, a hemodiálise representa uma esperança de vida diante da irreversibilidade da doença e na expectativa do transplante. As restrições impostas pela doença renal crônica ou pelo tratamento são sempre rigorosas e o grau de assimilação e de adesão é sempre diversificado, dependendo do valor que o indivíduo atribui a si próprio e à sua vida, do modo que as pessoas que fazem parte da sua rede familiar e social encaram a condição e o apoio que oferecem na sua trajetória. Além disso, na prática, o que se observa é que os problemas geralmente são oriundos da dificuldade de compreensão da importância do tratamento, do controle da vontade diante do esquema dietético, do desconhecimento do modo que este controle deva ser feito e da situação financeira a qual, muitas vezes, impossibilita a aquisição de medicamentos prescritos, o seguimento de orientações específicas e o comparecimento ao serviço de hemodiálise.

Diante deste quadro complexo, surge a possibilidade de atuação da enfermagem, ou o poder da enfermagem. Conforme afirma COLLIÈRE (1989), "o campo de competência da enfermagem, isto é, o domínio dos cuidados de enfermagem, situa-se, verdadeiramente na encruzilhada de um tríptico que tem como ponto de impacto o que diz respeito à pessoa, o que diz respeito à sua limitação ou à sua doença, o que diz respeito aos que a cercam e ao seu meio". A autora considera que os cuidados referem-se aos de manutenção da vida, na saúde. Por saúde considera "o conjunto das possibilidades que permitem a vida continuar e desenvolver-se, mesmo quando há doença". Para tanto, cuidar significa mobilizar e desenvolver as capacidades da pessoa, dos que com ela convivem para encarar o adoecer, resolver as dificuldades surgidas, tornando-as competentes para utilizar adequadamente os recursos afetivos, sociais e econômicos que dispõem.

Para consolidar uma prática de assistência que contemple o ser humano na sua dimensão holística, privilegiando a individualização e a continuidade, o Departamento de Enfermagem do Hospital Universitário da Universidade de São Paulo adotou uma filosofia com base em conceitos e constructos do Modelo de Autocuidado de OREM (1985) que tem como premissa básica que todo ser humano é capaz de executar ações deliberadas em seu próprio benefício para manutenção da vida e bem-estar. Esta capacidade está relacionada à idade, etapa de desenvolvimento, experiência de vida, orientação sociocultural e recursos econômicos. A enfermagem torna-se necessária quando, por algum motivo o cliente está incapacitado de desempenhar estas ações de autocuidado. Quando esta incapacidade é gerada pela doença crônica, compete ao enfermeiro auxiliar no controle da doença e dar suporte no enfrentamento dos desafios por ela impostos. O papel do enfermeiro é designado pelo grau de capacidade do cliente, podendo adquirir características diversas, desde o apoio educativo até a execução de todos os cuidados. Este tipo de modelo assistencial prescreve uma co-participação entre o cliente e os enfermeiros, que demanda respeito mútuo e conhecimento da clientela para que os objetivos sejam atingidos.

As duas autoras sintetizam uma abordagem humanística do cuidado. Estabelecem como foco de ação da enfermagem o conhecimento e a compreensão das condições do paciente no seu contexto existencial como meta para o crescimento e o desenvolvimento enquanto seres humanos. Nesta perspectiva, a saúde é concebida em termos dinâmicos, não como uma condição mas como uma habilidade. Da mesma maneira, a doença deve ser encarada como todas as experiências humanas, como parte de um processo contínuo de aprendizado e de crescimento. A eliminação ou controle de sinais e sintomas, bem como as ações referentes ao esquema terapêutico e aos cuidados de enfermagem específicos gerados pela doença representam apenas um aspecto na solução do problema, mas atenção deve ser dada para que o sofrimento inevitável torne-se significativo e bem aproveitado, para que mudanças de comportamento sejam realizadas quando necessárias visando uma melhor qualidade de vida.

Para que estes objetivos sejam atingidos, a experiência do *estar doente* ou de *ter que conviver com o doente* precisa ser intermediada por enfermeiro com competência em relacionamento interpessoal.

MENDES (1994) defende o ponto de vista que o relacionamento enfermeiro-paciente deve ter como base a pessoa e não o desempenho de papéis e que "se o paciente é visto e tratado como pessoa a relação entre eles é caracterizada como pessoal com o propósito de tornar efetiva uma assistência personalizada". Complementa dizendo que "os objetivos da enfermeira nesta interação geralmente residem em conhecer o paciente, identificar e satisfazer as necessidades dele e assim alcançar o propósito da enfermagem: assistir o indivíduo, família ou comunidade na prevenção da doença e cooperar com a experiência da doença e do sofrimento e, se necessário encontrar significado nestas experiências". Considera a comunicação o elemento essencial que possibilita o alcance dos objetivos do processo interativo.

A condição crônica do cliente propicia circunstâncias de interação e convívio com os profissionais. Assim sendo, todos os momentos devem ser aproveitados para se explorar as possibilidades de escolha e criar condições de mudanças quando e onde necessárias em busca de uma melhor qualidade de vida, apesar da doença.

Esta interação muitas vezes gera estresse e conflitos nos profissionais. Um estudo realizado por MENZIES (1970) num hospital londrino demonstrou que muitas situações vivenciadas por pacientes afetam as enfermeiras criando ansiedade. A ansiedade foi considerada por elas, como sendo os sentimentos gerados pela condição do paciente, como o sofrimento, a dor, a convivência com a morte, bem como suas manifestações de dependência na enfermagem e a obrigatoriedade de assumir certas responsabilidades. Como mecanismos de defesa contra o estresse procuravam evitar o envolvimento através de assistência fracionada, descontínua, despersonalizada e rotineira, na qual esboçavam negação de sentimentos e de resistência à mudanças. Apesar de se tratar de uma referência antiga, a realidade nos mostra que o problema ainda persiste, o que tem levado muitos profissionais a abandonarem a profissão ou a ela se acomodarem, com o mínimo de envolvimento pessoal.

Toda esta situação pode, em parte, ser fruto da forma como as instituições têm lidado com as necessidades humanas dos profissionais. Na verdade, em muitos locais, ele é encarado como objeto de produção, sujeito a regras institucionais e considerados meros executores de ordens médicas, sem ter definição clara das atividades de sua competência.

Estamos de acordo com MENDES (1994) quando afirma que "o que importa no exercício profissional é o homem, ou seja, a pessoa do profissional. É ele que poderá ou não imprimir uma marca humanizante ou desumanizante no desempenho de suas atividades".

Com vistas a uma prática assistencial humanizada, o Departamento de Enfermagem do Hospital Universitário da Universidade de São Paulo criou o Sistema de Assistência de Enfermagem, no intuito de viabilizar a operacionalização sistematizada do cuidado de enfermagem, na qual o enfermeiro utiliza dados do paciente na prescrição de condutas que atendam as reais necessidades dos pacientes. Este sistema tem se mantido desde a época de sua implantação e o Serviço de Apoio Educacional tem servido de infra-estrutura para capacitar e propiciar condições de desenvolvimento dos profissionais de toda a equipe de enfermagem.

Acreditamos que a prática do cuidar humanizado esteja articulada à qualidade assistencial, proporcionado condições ao enfermeiro de preencher o seu espaço e alcançar a autonomia tão almejada, cujos resultados possam trazer benefícios a todos nela envolvidos.

REFERÊNCIAS BIBLIOGRÁFICAS

BORGES, Z.N. A construção social da doença: um estudo das representações sobre o transplante renal. In: LEAL, O.F. *Corpo e significado*: ensaios de antropologia social. Porto Alegre, Editora Universidade/UFRGS, 1995. p. 361-77.

CAMPOS, R.C.P. Nas alas, consultórios e corredores: a interação entre profissionais de saúde e pacientes sob o olhar das mulheres. In: SILVA, R.G. *Ação e vida:* respostas à epidemia de HIV/AIDS em Belo Horizonte. Belo Horizonte, BISA, 1996. Parte III, p. 141-72.

COLLIÈRE, M.F. *Promover a vida.* Lisboa, Sindicato dos Enfermeiros Portugueses, 1989. Cap. 14, p. 286-320: Identificar cuidados de enfermagem.

FERRAZ, A.F. Refletindo sobre o ser portador do HIV ou doente com AIDS e o relacionamento interpessoal. In: SILVA, R.G. *Ação e vida:* respostas à epidemia de HIV/AIDS em Belo Horizonte. Belo Horizonte, BISA, 1996. Parte III, p. 129-40.

HELMAN, C.G. *Cultura, saúde e doença.* Porto Alegre, Artes Médicas, 1994. Cap. 1, p. 21-9: A abrangência da antropologia médica.

LEININGER, M.M. *Culture care diversity and universality:* a theory of nursing. New York, National League for Nursing Press, 1991. Cap. 1, p. 5-72: The theory of culture care diversity and universality.

LEININGER, M.M. Leininger's theory of nursing: cultural care diversity and universality. *Nursing Sci*, v.1, n.4, p.152-60, 1988.

MENDES, I.A.C.M. *Enfoque humanístico à comunicação em enfermagem.* São Paulo, Savier, 1994. Cap.1, p.5-10: Pessoa, papel e *status*: um problema clássico da vida profissional.

MENZIES, I.E.P. *The functioning of organizations as social systems as a defense against anxietie: a report on a study of the nursing service of a general hosp.* London, Travistock Institute of Human Relations, 1970.

OREM, D.E.*Nursing concepts of practice.* New York, McGraw-Hill Book Company, 1985.

PACKARD, N.H.M.; WOODS, N.F. Demands of illness: exploration of the concept among chronically ill women. *West. J. Nurs. Res.*, v. 13, p. 434-54, 1991.

SCHWARTZ, T. Anthropology and psychology: an unrequired relationship. In:*New directions in psychological anthropology.* Cambridge, Cambridge University Press, 1995. Cap. 16, p. 324-49.

SPRADLEY, J. *Participant observation.* New York, Holt Renehart and Winston, 1980.

VELHO, G. *Projeto e metamorfose.* Rio de Janeiro, Jorge Zahar, 1994. Cap. 4, p. 63-70: Cultura popular e sociedade de massas.

WOODS, N.F.; LEWIS, F.M. *Women with chronic illness: their views of their families' adaptation. Health Care Women Int.*, v.16, n.2, p. 135-48, 1995.

Cidadania e Qualidade de Vida

capítulo 3

Tamara Iwanow Cianciarullo

A cidadania tem sido fonte de preocupações acadêmicas, políticas e sociais, de quase todas as profissões do campo das ciências sociais, humanas e da saúde nos últimos anos. Enfermeiros, médicos, sociólogos, arquitetos e engenheiros, entre outros profissionais, utilizam o termo em diferentes contextos e concepções, dando suporte à mídia para a divulgação dos diversos enfoques que contribuem para a construção do "ser e estar cidadão".

A **cidadania**, como termo, refere-se à qualidade ou estado de cidadão enquanto um indivíduo em gozo de seus direitos civis e políticos, e constitui um dos princípios fundamentais do Estado Democrático de Direito da República Federativa do Brasil (BRASIL, 1988).

A saúde, a educação, o trabalho, o lazer, a segurança, a previdência social, a proteção à maternidade e à infância, e a assistência aos desamparados, constituem os direitos sociais dos brasileiros parte dos seus direitos civis, que a nós enfermeiros interessam sobremaneira, visto que se referem, em sua maioria, ao que chamamos de necessidades humanas básicas (psicobiológicas, psicossociais e psicoespirituais) constituindo-se no todo do ser humano, em estado de equilíbrio dinâmico, dando significado a um estado de saúde.

O estado de saúde, enquanto um referencial de qualidade de vida, pressupõe, condições dignas de trabalho, de renda, de alimentação e nutrição, de educação, de moradia, de saneamento, de transporte e de lazer, assim como o acesso a esses bens e serviços essenciais, e o reconhecimento e salvaguarda dos direitos do indivíduo, como sujeito das ações e serviços de assistência em saúde.

Determinados estão também os compromissos solidários do Poder Público, do setor privado e da sociedade em geral, na proteção e defesa da qualidade de vida.

Qualidade de vida, como meta estabelecida a ser alcançada, requer compromissos solidários da sociedade como um todo, de forma a alavancar os processos de mudança necessários.

Se o conceito de qualidade de vida, for visualizado aqui como a propriedade, atributo ou condições adequadas de vida das pessoas, famílias e comunidades, passíveis de serem diferenciados de outros considerados como não adequadas e de caracterizar ou determinar a sua natureza e extensão, teremos estabelecido um marco conceitual importante, não apenas para os enfermeiros, mas para todo um grupo de profissionais que lidam com seres humanos em seu cotidiano.

QUALIDADE DE VIDA

A qualidade de vida é um indicador competente do resultado dos serviços de saúde prestados ao cliente, principalmente por ser determinado pelo processo da doença ou agravo em si, como pelos proce-dimentos utilizados para o seu tratamento, cuidado e cura.

A qualidade de vida tem sido estudada em seus múltiplos aspectos, objetivando a sua descrição em determinados grupos populacionais no tempo e no espaço, com suas características exclusivas e excludentes, visualizando a influência dos processos de intervenção, das novas tecno-logias e dos processos cuidativos, curativos e preventivos, gerando novos conceitos, teorias e caracterizando os determinantes e condicionantes de sua ausência.

Para podermos compreender melhor estes aspectos, precisamos identificar definições e concepções a respeito da qualidade de vida, que expressem de forma genérica e específica o seu significado para pessoas, famílias, grupos e comunidades com as quais lidamos em nosso cotidiano profissional. STEWART (1992), afirma que o estudo do que é e do que não contribui para a qualidade de vida de determinados grupos, ajuda na sua diferenciação. Assim, ao fazermos uso do termo qualidade de vida, este implica num processo de avaliação de como se vive, e conseqüentemente do contexto em que se processa este viver e dos seus componentes, dos pressupostos de faltas, destituições ou bloqueios existentes, sob a ótica do usuário dos nossos serviços (cliente, família e comunidade) e sob a nossa ótica profissional, permeada pelos significados atribuídos coletivamente no tempo e no espaço à qualidade de vida.

A dificuldade parece estar na determinação de quais componentes fornecerão um conteúdo para o conceito de qualidade de vida, sob qual ótica ele será privilegiado e qual a lógica a ser seguida para a sua caracterização.

Segundo STEWART (1992) existem quatro sistemas de referência para a medição da saúde constituídos por indicadores físicos e mentais: funções físicas e bem-estar; funções mentais e bem-estar; função social e bem-estar e percepção da saúde e bem-estar, quando o usuário dos serviços de saúde posiciona-se definindo a dimensão da resposta no processo de conceituação.

Em que pesem as indicações de formas de medição de qualidade de vida relacionada à saúde, há que se destacar que estas devem obrigatoriamente passar pelos aspectos dos significados expressos e validados pelos usuários dos serviços de saúde, que podem não coincidir com aqueles expressos e validados em âmbito exclusivamente profissional, principalmente aqueles que se referem ao bem-estar.

COLBY (1987), identifica na teoria antropológica do bem-estar, três mundos abrangentes de interesse e comportamentos humanos que se presume ser moldados e operacionalizados por meio dos sistemas cognitivos correspondentes: o ecológico, referindo-se ao mundo da subsistência material, tecnologia, trabalho e economia; o social, representado pelo mundo das relações interpessoais, ancoradas nas estruturas sociais e guiadas pela ética e pelas convenções sociais e o interpretativo, corres-pondendo ao mundo do metapensamento, do sistema simbólico e do nível da meta-análise, incluindo o comportamento, as atitudes e a meta-hermenêutica de Habermas. O sistema cognitivo que representa estes mundos na mente de um indivíduo, combina no que ele chama de "espaço-vida", os muitos papéis que ele assume, as relações interpessoais que estabelece e as avaliações que faz a seu próprio respeito, a respeito dos outros e das situações. O bem-estar nestes três mundos deveria predizer o sucesso biocultural, na opinião de COLBY (1987).

Contextualizando estes aspectos no âmbito da saúde, o sistema cognitivo ecológico corresponde ao modo, condições e espaços de viver e trabalhar fazendo uso de tecnologias mais ou menos invasivas e agressivas, e produzindo bens e serviços vinculados à promoção e recuperação da saúde e prevenção das doenças; o sistema cognitivo social, caracteriza-se pelas relações interpessoais estabelecidas em âmbitos multiprofissionais e interdisciplinares com os clientes do sistema de saúde, orientados pela legislação em vigor e pelos contratos legal e moralmente estabelecidos entre cliente e profissional e ou servidor; e o interpretativo representado em nível acadêmico pelos estudos que dignificam, explicam, definem, caracterizam, avaliam, expõem e direcionam as ações da saúde para o bem-estar do indivíduo, da família e da comunidade, sob a sua própria ótica e sob a ótica dos demais participantes deste processo.

Esta visão demonstra uma multidimensionalidade do conceito "qualidade de vida" seus aspectos subjetivos e objetivos, considerada por muitos autores ambígua e inconsistente (MEEBERG, 1993).

Definições, conceitos unidimensionais e pluridimensionais, fórmulas, escalas, entre outras formas de explicar a "qualidade de vida" têm sido encontradas na literatura, contribuindo mais ou menos, para a valorização da sua presença no cotidiano das relações profissionais estabelecidas entre o usuário e o servidor dos serviços de saúde.

Um aspecto, no entanto, parece estar claro para nós: tanto os aspectos ou componentes subjetivos da "qualidade de vida" devem estar presentes no processo de desenvolvimento de conceitos, quanto os componentes objetivos, representados aqui pelos direitos inalienáveis do ser humano enquanto cidadão.

A CIÊNCIA DA QUALIDADE DE VIDA

Assim como a qualidade que se apresenta sob múltiplas visões (CIANCIA-RULLO, 1997), a qualidade de vida depende substancialmente do contexto, das experiências, das percepções e das atitudes em relação aos processos vitais de cada pessoa.

A construção teórica do conceito "qualidade de vida", indica a necessidade de se fazer uso de diferentes instrumentos e procedimentos para a obtenção de informações subjetivas e objetivas, necessárias à sua delimitação enquanto conceito, sabendo-se que todo este conjunto será influenciado pelos profissionais que o irão elaborar ou que dele farão uso.

Medidas objetivas da qualidade de vida, relacionadas ao contexto das atividades do cotidiano, às percepções de saúde, ao suporte social e visão de mundo, além dos aspectos físicos e mentais relacionados ao bem-estar, já foram objeto de estudos e pesquisas na Europa, EUA, Canadá e Austrália.

O acompanhamento destes estudos relacionados ao bem-estar e qualidade de vida, permite confirmar a sua utilidade para o desenvolvimento de um referencial teórico passível de aplicação na prática visando a validação e confiabilidade dos resultados, demonstrando a sua importância como critério de bem-estar e a participação das forças sociais, na determinação da evolução das medidas operacionais de função (KATZ,1987).

Em relação aos pacientes submetidos à processos hemodialíticos, os resultados de pesquisas, têm demonstrado a necessidade de se aprofundar os estudos, visto que alguns trabalhos apontam a presença de indicadores de qualidade de vida piores, nos aspectos analisados, que os pacientes submetidos a diálise peritonial (MERKUS, M.P. et al., 1957).

O eixo objetivo/subjetivo predomina nos estudos que se referem à qualidade de vida/bem-estar, na busca da caracterização destes constructos sob a ótica profissional/usuário dos serviços, com a finalidade de estabelecer os padrões e critérios de avaliação dos resultados das intervenções profissionais.

Outro aspecto importante a ser considerado, é o potencial ou a capacidade de adaptação e ou superação das condições restritivas, impostas pelos agravos à saúde.

OREM (1995) trouxe importantes contribuições neste campo, quando propõe em sua teoria o componente "competência do cliente", desenvolvendo o conceito em suas estruturas. SEN (1995), relaciona capacidade de alcance do bem-estar e de bem-estar.

No Brasil, estes estudos merecem um enfoque mais apurado, direcionado também para os aspectos sociais, quando se percebe formalmente indicadores de risco diferenciados em populações de baixa renda, principalmente em populações faveladas, criando uma possível visão diferenciada do significado de capacidade, capacidade de alcance, bem-estar e qualidade de vida, a serem estudadas.

A QUALIDADE DE VIDA SOB A ÓTICA DOS ENFERMEIROS

Na enfermagem, diferentes teoristas referem-se à qualidade de vida com enfoques fundamentados e contextualizados em seus próprios modelos teóricos.

LEININGER (1994), em seus estudos, afirma que a qualidade de vida é constituída e determinada culturalmente e que precisa ser estudada e compreendida sob o ponto de vista transcultural. Estudos comparativos realizados pela autora, caracterizam maior diversidade do que universalidade, entre as culturas analisadas, no que se refere ao conceito de qualidade de vida. Os significados, expressões e referenciais simbólicos da qualidade de vida, tendem a variar entre diferentes culturas, na opinião da autora. Visões êmicas e éticas, são aspectos importantes para o desenvolvimento da enfermagem com enfoque na qualidade de vida, na saúde e no bem-estar.

Para PEPLAU (1994), qualidade de vida é uma percepção, uma idéia, que os indivíduos desenvolvem após perceberem, observarem e reconhecerem intuitivamente, o significado de algo que foi experienciado. Não é a experiência em si, mas a opinião ou o julgamento, que determina a essência da situação, da série de eventos ou da visão que se tem da própria vida, em parte ou no todo, durante um período específico da vida. É uma visão subjetiva, um pressuposto, uma inferência, decorrente de experiências vivenciadas. Qualidade de vida é então, uma percepção pessoal relacionada às necessidades, particularmente aquelas que aparecem em um determinado período de tempo, em relação à extensão do alcance da satisfação destas necessidades.

KING (1994), por sua vez, considera que a saúde e as metas de vida, são dois indicadores que influenciam a qualidade de vida, e definem a importância do papel dos enfermeiros, por meio da influência que exercem sobre os resultados relacionados à saúde e às metas estabelecidas, por meio da interação homem/meio ambiente.

Outra teorista, PARSE (1994), afirma que a qualidade de vida, sob o ponto de vista individual, é a própria meta da transformação humana, sendo impossível a sua quantificação. A descoberta dos atributos da qualidade de vida, pode ser obtida, segundo a autora, por meio de instrumentos, com o objetivo de predizer intervenções que possam valorizá-la. Afirma ainda, "que a qualidade de vida não é o que se pensa que é, mas o que uma pessoa que a vivencia, diz que é".

Podemos perceber que os pesquisadores reconhecem uma formação específica nos enfermeiros, cujos resultados produzem importantes mudanças na qualidade de vida dos seus clientes, estabelecendo e garantindo formas adequadas e competentes de intervenção, validadas pelos próprios usuários dos serviços. Este é o ponto central da questão da qualidade: aquele que a vivencia é quem elabora o conceito, para que nós, os profissionais da área possamos fazer uso dele. A diferença estabelece-se no âmbito das nossas maiores ou menores capacidades de lidar com estes conceitos, sujeitos a análises contínuas de nossa parte, que irão influenciar o futuro da assistência cuidativa e curativa em nosso país.

REFERÊNCIAS BIBLIOGRÁFICAS

BRASIL - *Constituição da República Federativa do Brasil*, 1988. Brasília, Horizonte Editora, 1988.

CIANCIARULLO, T.I. *C&Q:* Teoria e prática em auditoria de cuidados. São Paulo, 1997, Ícone Editora, p. 147.

COLBY, B.N. Welibeing: a theoretical program. *Am. Anthropol.*, v. 85, n. 4, p. 879-895, 1987.

KATZ, S. The science of quality of life [Editorial]. *J. Chronic. Dis.*, v. 40, n. 6, p. 459-463, 1987.

KING, I. M. Quality of life and goal attainment. *Nursing Sci. Q.*, v. 7, n.1, p.29-32, 1994.

LEININGER, M. Quality of life from a transcultural nursing perspective. *Nursing Sci. Q.*, v. 7, n. 1, p. 22-28,1994.

MEEBERG, G.A. Quality of life: a concept analysis. *J. Adv. Nurs.*, v. 18, p. 32-8, 1993.

MERKUS, M. P. et al. Quality of life in patients on chronic dialysis: selfassessment 3 month after the start of treatment. *Am. J. Kidney Dis.* v. 29, n. 4, p. 584-92,1997.

OREM, D.E. *Nursing concepts of practice*. New York, McGraw-Hill Book Company, 1995.

PEPLAU, H.E. Quality of life: na interpersonal perspective. *Nursing Sci. Q.*, v. 7, n. 1, p. 10-5, 1994.

PARSE, R. R. Quality of life: sciencing and living the art of human becoming. *Nursing Sci. Q.*, v, 7, n. 1, p. 16-21, 1994.

STEWART, A. L. Conceptual and methodologic issues in defining quality of life: state of art. *Prog. Cardiovasc. Nurs.*, v. 7, n.1, p. 3-11, 1992.

O Processo de Cuidar

Fernanda Maria Togeiro Fugulin
Sandra Andreoni
Lázara Maria Marques Ravaglio
Antônio Fernandes Costa Lima
Terezinha Hiroko Fugiki Hashimoto

A enfermagem acumulou no decorrer de sua história, conhecimentos empíricos e tem executado suas atividades baseada em normas e rotinas repetidas e sem reflexão da sua atuação, mesmo com as modificações da clientela, da organização, do avanço tecnológico e dos próprios profissionais de enfermagem. Essa prática de enfermagem torna-a mecânica, executora de ordens médicas e regras institucionais, não levando em conta as atividades inerentes à profissão. Como conseqüência desse enfoque, o paciente tem recebido uma assistência de enfermagem massificada e descontínua (BENKO; CASTILHO, 1989).

Embora esses aspectos continuem a ser evidenciados na prática da enfermagem, observa-se atualmente que os enfermeiros preocupados em modificar este quadro, vêm refletindo sua prática profissional buscando um equilíbrio entre a sua competência técnico-científica, as necessidades da clientela e as exigências institucionais visando a melhoria da qualidade assistencial.

Quando os enfermeiros assumem a premissa básica de que a assistência de enfermagem transcende o nível de execução de ordens médicas, delineando-se uma dimensão holística de atendimento ao ser humano, alterando-se uma postura já consolidada, colocando-se o enfermeiro como produtor, implementador e controlador da assistência prestada ao paciente, adotam uma postura diferenciada, pois sua atuação neste contexto prevê ações reflexivas que exigem conhecimento, compromisso e envolvimento com a assistência prestada em sua área de atuação.

Para consolidar uma mudança na prática assistencial é necessário estabelecer uma forma de sistematizar e operacionalizar as ações de enfermagem, utilizando-se métodos de trabalho que favoreçam sua sedimentação.

O Processo de Enfermagem, introduzido no Brasil por Wanda Aguiar Horta, propõe e instrumentaliza a sistematização das ações de enfermagem, por meio de seis fases ou passos inter-relacionados: histórico, diagnóstico, plano assistencial, prescrição, evolução e prognóstico de enfermagem.

Esse processo requer o raciocínio e a utilização permanente do saber, do fazer e dos dados do paciente/cliente, num contínuo fluir de informações, coordenadas pelo enfermeiro e transformadas em ações.

O Departamento de Enfermagem (DE) do Hospital Universitário da Universidade de São Paulo (HU-USP), desde o início de suas atividades em 1981, adotou o processo de enfermagem como forma de instrumentalizar a prática assistencial optando pela utilização de três fases: histórico, prescrição e evolução de enfermagem. Outro aspecto considerado foi o do direcionamento da assistência para o autocuidado, onde o paciente tem validada suas competências, baseado na teoria de OREM, compondo assim o Sistema de Assistência de Enfermagem (SAE).

A adoção deste sistema, expresso na filosofia do DE, tem norteado desde então a prática assistencial da enfermagem do HU-USP, exigindo condições que o viabilizem.

Para a implantação do SAE considerou-se a necessidade de organizar os serviços de forma que fosse possível à equipe de enfermagem executar suas atividades dentro deste modelo.

A capacitação de todos os elementos da equipe de enfermagem, fundamental para a implementação e manutenção desta proposta assistencial, desenvolve-se desde o momento da admissão, por meio de curso teórico-prático realizado no Serviço de Apoio Educacional (SEd), acompanhamento na unidade de lotação e programas de reciclagens.

A necessidade de realização de programas de reciclagem é identificada pelos enfermeiros nas unidades e pelos relatórios elaborados pelo Grupo de Estudo de Padrões e Auditoria (GEPA), sendo desenvolvidos pelos enfermeiros que compõem o SEd e o Grupo de Estudos do Sistema de Assistência de Enfermagem (GESAE). O GESAE tem por finalidade implementar e aprimorar o SAE, por meio de reuniões sistemáticas e discussões, no sentido de adquirir subsídios para a atualização e desenvolvimento do trabalho, assim como atuar junto ao GEPA, analisando e avaliando a assistência de enfermagem prestada à clientela.

O conteúdo do SAE implementado durante estes anos, tem passado por diversos momentos de discussão e avaliação por meio de cursos, reuniões por unidades, de diretoria e do GESAE.

Em consonância com a filosofia assistencial do DE, o Serviço de Hemodiálise desenvolve o SAE de acordo com suas orientações e normas elaboradas pelos enfermeiros do Serviço, para atender as especificidades e o perfil de sua clientela.

FASES DO PROCESSO DE CUIDAR

O SAE desenvolvido na hemodiálise inicia-se no momento da admissão do paciente no programa, quando se aplica o histórico de enfermagem (HE).

Histórico de Enfermagem: guia sistematizado para levantamento de dados, aplicado exclusivamente pelo enfermeiro, com o objetivo de se conhecer os problemas de enfermagem apresentados por um paciente, para que a assistência seja direcionada ao atendimento adequado de suas necessidades. Prevê o favorecimento de uma interação enfermeiro-paciente para que o enfermeiro conheça o paciente sob seus cuidados de forma a atendê-lo em sua especificidade e globalidade e para que o paciente consiga visualizar seu atendimento num prisma que contemple sua individualidade como ser humano.

Para que tal finalidade seja plenamente atingida, a aplicação do histórico requer necessariamente a ação reflexiva do enfermeiro, no sentido de aprofundar a investigação de determinados aspectos, caso as respostas ou condições do paciente assim o exijam.

Por prever o atendimento global do ser humano em suas necessidades biopsicosocioespirituais, o histórico abrange a investigação de hábitos relacionados ao atendimento das necessidades humanas básicas e das condições físicas do paciente no momento de sua hospitalização.

O HE, constituído de duas fases (entrevista e exame físico), é único para todas as unidades do DE, existindo questões complementares para algumas unidades, com o objetivo de atender as especificidades dos pacientes.

No Serviço de Hemodiálise, o HE sofreu alterações, elaboradas no próprio serviço, para atender as características do paciente renal crônico. Investiga além dos componentes físicos, as alterações biopsicosocio-espirituais e os aspectos relacionados ao conhecimento, percepção e perspectivas do cliente em relação à sua doença e ao seu tratamento.

A **entrevista** abrange um conjunto de questões que possibilitam o conhecimento dos hábitos do paciente relacionado às necessidades biopsicosocioespirituais, assim como, das alterações provocadas pela doença nas manifestações e/ou satisfação destas necessidades.

O **exame físico** prevê análise minuciosa dos segmentos corporais com a finalidade de se detectar problemas de enfermagem.

O conjunto de problemas de enfermagem detectados com a aplicação do HE, permite o conhecimento da problemática de enfermagem do paciente visando planejamento, implementação e avaliação da assistência. Quando da detecção de problemas de enfermagem, os mesmos devem ser lançados em impresso próprio denominado "Evolução de Enfermagem".

Nos casos em que a condição do paciente e/ou família contra indiquem a realização da entrevista, o enfermeiro deverá justificar a sua inexistência na evolução de entrada, agendando a seguir a aplicação da mesma.

Para melhor visualização desses instrumentos, apresentamos a seguir um exemplo de sua aplicação prática, no Serviço de Hemodiálise:

hospital universitário
universidade de são paulo

HISTÓRICO DE ENFERMAGEM DO SERVIÇO DE HEMODIÁLISE
I - ENTREVISTA

Nome: *D.G.S.*
Idade: *43 anos* Sexo: ☐ F   M ☒   Estado civil: *casado*
Escolaridade: *superior*   Profissão: *Professor*   Religião: *católico*
Endereço: *Av. Lineu Prestes, n° 27* CEP: *05050-050* Telefone:
Diagnóstico principal: *Glomerulonefrite e Insuficiência renal crônica*
Outros diagnósticos: *Hepatite B*

1. Há quanto tempo você está doente?
   Há um ano.

2. Como começou sua doença?
   Com irritação na garganta, vômitos, cansaço e inchaço no rosto. Procurou um médico que diagnosticou glomerulonefrite.

3. O que você sabe sobre sua doença?
   Que por causa da glomerulonefrite os rins deixaram de funcionar e é por isso que precisa fazer hemodiálise.

4. O que você sabe sobre a hemodiálise?
   Que é um tratamento para filtrar do sangue as substâncias tóxicas que o rim deixou de eliminar. Terá que fazer até conseguir fazer o transplante.

5. Foi submetido a algum tratamento dialítico anteriormente?
   NÃO ☐   SIM ☒   Qual? *Vinha fazendo hemodiálise há seis meses no hospital X.*

6. Apresentou algum problema durante este tipo de tratamento?
   Sim. Algumas vezes sentia cãibras nas pernas e queda de pressão. Contraiu hepatite B através de transfusão sangüínea.

7. Faz uso de algum medicamento?
   NÃO ☐   SIM ☒   Qual? *Acetato de cálcio, Hemax, Citoneurin e Noripurum*

8. Você sabe para que serve cada um deles?
   Para combater o fósforo, para anemia, complexo B e ferro para anemia.

9. Você sabe os cuidados que deve ter com a fístula?
   NÃO ☐   SIM ☒ Quais? *Não permitir que seja verificado pressão ou aplicado medicação neste braço. Não bater ou carregar peso. Observar qualquer alteração do local e comunicar ao médico.*

10. Você está seguindo alguma dieta?
    NÃO ☐   SIM ☒

11. Quem orienta sua dieta?
    Médico ☒   Nutricionista ☐   Outro ☐

12. Você tem algum problema em seguir a dieta?

NÃO☒ SIM ☐ Qual? ....

13. O que você pode comer?

De tudo controlado. Se os exames mostrarem aumento do fósforo no sangue, evitar leite e seus derivados por exemplo..........................

14. Tem alguma coisa que você não pode comer?

Alimentos Gordurosos e Frituras ....

15. O que você pode beber?

Água, suco de frutas, chá...

16. Quanto você pode beber de líquido por dia?

500 ml por dia, ou dois a três copos...

17.Você está urinando?

NÃO ☐ SIM ☒ Quanto por dia? *Aproximadamente 200 ml ao acordar*

18. Como é seu hábito intestinal?

Normal. Uma vez ao dia...

19. Foi submetido a transplante renal?

NÃO☒ SIM ☐ Quando?...

20. Está inscrito em algum programa para transplante renal?

NÃO ☐ SIM ☒ Onde? *No hospital Y...,.................*

21. É HBs Ag+? NÃO ☐ SIM ☒ NÃO SABE ☐

22. Recebeu vacina contra hepatite? SIM ☐ NÃO ☒

23. Realizou sorologia para HIV?

NÃO☐ SIM ☒ Resultado: *negativo* NÃO SABE ☐ *Realizado no ambulatório do HU*

24. Como a doença/ tratamento tem afetado sua vida nos aspectos biopsciosocioespiritual?

Foi muito bem abordado no início da doença, o que contribuiu para viver bem e aceitar a doença. Come de tudo com certo limite. Tem limitações quanto ao lazer e ao serviço. Não pode programar viagens longas e precisa se ausentar do trabalho para o tratamento

25. Como a família se comporta frente a sua condição?

Se preocupam com o tratamento e com a demora para a realização do transplante

26. Impressões do examinador: (aparência/capacidade de comunicação)

Boa aparência, comunica-se com objetividade e clareza. Receptivo às orientações ministradas quanto às rotinas e normas do serviço. Estava acompanhado da esposa. No início da entrevista demonstraram ansiedade e pareciam tranqüilos ao deixar a unidade.

DATA ENTREVISTA: *25/03/95* ....

ENFERMEIRO: *Antônio Alves*.....................................

COREN: *01234* ....

hospital universitário
universidade de são paulo

II - EXAME FÍSICO

NOME: *D.G.S.* .... RH: *00001* ....

01. PULSO: *90* ....
(Rítmico)   Arrítmico   Fraco   Cheio   Filiforme

02. P.A.: *16 X 9* .....
(Normotenso)   Hipertenso   Hipotenso

03. PESO: *60 kg*...

04. CABEÇA:
Anomalias   Protuberâncias
Sem anormalidades..

05. CABELOS E COURO CABELUDO:
Alopécia   Sujidade   Lêndeas   Pediculose   Seborréia   (Ressequido)
Quebradiço
Sem outras anormalidades..

06. ORELHA E OUVIDO:
Acuidade auditiva   Sujidade   Secreção   Deformidades   Lesões   Dor
Sem anormalidades..

07. OLHOS E PÁLPEBRAS:
(Acuidade visual)   Secreção   Alteração da conjuntiva   Edema palpebral   Deformidades
Ptose palpebral   Uso de prótese
Refere miopia e usa lentes de contato...........................

08. NARIZ:
Olfato   Secreção   Sujidade   Obstrução   Sangramento   Deformidade
Sem anormalidades..

09. BOCA E MUCOSA:
Edema   Paralisia   Língua saburrosa   Sangramento   Ulceração Sujidade
            Deformidade   Sialorréia   Ressecamento Hiperemia
Dor   Dificuldade para mastigar

DENTIÇÃO: Sujidade   Deformidade   Prótese   Cáries   Ausência de dentes   Dor

HÁLITO: Fétido   Alcoólico   Cetônico   Amoniacal   Normal

FALA: Disfasia   Dislalia   Normal
Sem anormalidades..

10. PECOÇO E GARGANTA
Nódulos   Secreção   Disfagia   Hiperemia   Fissuras
Sem anormalidades..

11. MMSS
MUSCULATURA: (Eutrófica)   Hipotrófica   Hipertrófica   Edema   Plegias   Deformidades Temperatura
                              Dor   Dormência   Tremores Atrofia
UNHAS: Sujidade   Quabradiças   Abauladas   Deformadas

REDE VENOSA: (Visível)   Palpável   Dor   Processo inflamatório   Esclerose
fístula artério venosa em MSD com frêmito presente...........................

12. MMII

MUSCULATURA: ~~Eutrófica~~   Hipotrófica   Hipertrófica   Edema   Plegias   Deformidades Temperatura
                             Dor   Dormência   Tremores Atrofia
UNHAS: Sujidade   Quebradiças   Abauladas   Deformadas

REDE VENOSA: ~~Visível~~   ~~Palpável~~   Varicosidade   Dor   Processo inflamatório
Esclerose

presença de equímose em MID ....

13. TÓRAX ANTERIOR

Dor   Assimetria   Expansibilidade   Protuberâncias Deformidades

MAMAS E AXILAS: Assimetria   Nódulos   Gânglios   Dor   Secreção mamilar

Sem anormalidades ....

14. TÓRAX POSTERIOR

Dor   Assimetria   Expansibilidade   Protuberâncias Deformidades

Sem anormalidades ....

15. ABDOME

~~Plano~~   ~~Flácido~~   Distendido   Globoso   Pendular   Escavado
Dor   Protuberâncias   Ascite

UMBIGO: Secreção   Sujidade

Sem anormalidades ....

16. REGIÃO SACRA E GLÚTEA

Musculatura   Integridade cutânea

Sem anormalidades ....

17. GENITAIS

Sujidade   Lesões   Secreção   Prolapso   Edema   Hemorróida
Deformidade   Prurido   Parasitas

Sem anormalidades ....

18. REGIÃO PERINEAL

Sujidade   Lesões   Secreção   Prolapso   Edema   Hemorróida
Deformidade   Prurido   Parasitas

Sem anormalidades ....

19. POSTURA E MARCHA

~~Normal~~   Alterada

....

DATA: *25/03/97* ....

ENFERMEIRO: *Antônio Alves*

COREN: *01234* ....

OBSERVAÇÃO: Em todos os segmentos observar integridade, coloração, turgor, sujidade, presença de prurido e sensibilidade da pele.

EVOLUÇÃO DE ENFERMAGEM

É o registro feito pelo enfermeiro, após a avaliação do estado geral do paciente em seus aspectos físicos e emocionais. Tem por objetivos retratar sucintamente as condições gerais do paciente, nortear o planejamento da assistência a ser prestada e informar o resultado das condutas de enfermagem implementadas. É realizada em impresso próprio, sempre precedida de data e horário e finalizada com assinatura e número do COREn do enfermeiro.

A **evolução de admissão no programa** contém resumidamente as condições gerais do paciente visualizada durante a aplicação do histórico e os problemas prioritários a serem abordados, conforme exemplo apresentado:

Evolução de Enfermagem

25/03/95 - 14:00 horas: Encaminhado do Ambulatório para admissão no programa de hemodiálise, acompanhado pela esposa, demonstrando ansiedade. Diagnóstico de Insuficiência Renal crônica, decorrente de glomeculonefrite e hepatite B. Demonstra conhecimento sobre a doença, o tratamento e cuidados com a fístula, adquiridos no hospital X, onde realizou hemodiálise por 6 meses. Informa que durante as sessões apresentou episódios de cãibras nas pernas e hipotensão. Faz uso de medicações e conhece suas indicações. Refere controlar a dieta de acordo com os resultados de exames laboratoriais, porém necessita ser melhor orientado quanto às restrições alimentares. Informa ingesta hídrica adequada, hábito intestinal normal e diurese de aproximadamente 200 ml ao acordar. Está inscrito em programa de transplante renal e tem sorologia negativa para HIV. Peso seco = 60 kg, PA 160 x 90, P = 90, rítmico. Cabelos ressequidos, uso de lentes de contato devido a miopia, fístula artério-venosa em boas condições com frêmito presente. Presença de equimose em MID decorrente de uma queda. Abdome plano e flácido. Musculatura eutrófica. Demais segmentos sem anormalidades. Boas condições de higiene. Comunica-se com clareza e objetividade. Foi orientado com relação as normas e rotinas do serviço, dias e horário de suas sessões de hemodiálise. Apresentado à equipe médica e de enfermagem de plantão. Conheceu a área física do serviço e foi encaminhado à nutricionista. Antônio Alves COREN 01234.

Para elaborar as **evoluções de enfermagem subseqüentes** à admissão no programa de hemodiálise, o enfermeiro deve realizar uma entrevista e exame físico sumários, em cada sessão de hemodiálise, com o objetivo de identificar novos problemas, consultar as evoluções e anotações de enfermagem anteriores, descrevendo comparativamente as condições gerais do paciente e o resultado dos cuidados prestados, além de registrar as condutas de enfermagem implementadas e a resolução dos problemas abordados.

Evolução de Enfermagem

28/03/95 - 18 horas: Admitido na unidade para realização da primeira sessão de hemodiálise na instituição. Aparentemente calmo, comunicativo, deambulando. Refere não ter tido nenhuma intercorrência no período. Boas condições físicas. Discreta equimose em MID. Refere ter entrevista com a nutricionista após a sessão de hemodiálise. Nega quaisquer alterações nos hábitos instestinais e urinários. Orientado e acompanhado na lavagem da fístula, realizou o procedimento corretamente. Apresenta FAV com frêmito presente, sem alterações locais. Submetido a quatro horas de hemodiálise sem intercorrências, sendo estabelecida a dose de heparina em 5000 U.I. e peso seco em 60.000 g pelo Dr. W. Saiu deste setor aparentemente tranqüilo, comunicando-se quando solicitado. Orientado a realizar compressas mornas no local da equimose com posterior aplicação de hirudoid. *Antônio Alves COREN 01234.*

A **evolução de alta do programa** de hemodiálise deve documentar as condições gerais do paciente e as circunstâncias que a envolvem (transferência para outro serviço, transplante renal etc.)

Evolução de Enfermagem

18/03/97 - 18:00 horas: Recebido na unidade para realização da 157ª sessão de hemodiálise. Ansioso com a expectativa de realização do transplante renal em 20/03/97. Fístula artério venosa sem alterações locais. Refere controle adequado da ingesta hídrica e da alimentação. Informa eliminações intestinais presentes, sem alterações e anúria. Submetido a quatro horas de hemodiálise, sem intercorrências, permaneceu irrequieto durante todo o período. Informa que apesar de ter recebido todas as orientações da equipe de transplante que o vem preparando para a realização do procedimento, está ansioso e com medo. Deixou a unidade aparentemente mais tranqüilo por ter conseguido expressar seus sentimentos. Despediu-se de toda a equipe prometendo dar notícias e retornar após a cirurgia. *Antônio Alves COREN 01234.*

Os pacientes internados no HU-USP, que não fazem parte do programa de hemodiálise da instituição, têm o registro da realização do procedimento no impresso Anotação de Enfermagem da unidade de origem, obedecendo os critérios estabelecidos pelo Serviço de Hemodiálise.

As evoluções de enfermagem prevêm um conteúdo mínimo de acordo com as especificidades de cada unidade. Para o Serviço de Hemodiálise foi estabelecido:

EVOLUÇÃO DE ENFERMAGEM

CONTEÚDO MÍNIMO PARA O SERVIÇO DE HEMODIÁLISE

Na admissão ao programa	A cada sessão	Na alta do programa
1. Origem	1. Número da sessão	1. Condições físicas
2. Diagnóstico	2. Condições físicas	2. Condições emocionais
3. Condições emocionais	3. Condições da fístula ou catéter	3. Resumo das orientações ministradas
4. Condições físicas	4. Condições emocionais (alterações observadas)	4. Motivo do desligamento do programa
5. Adequação da alimentação e hidratação	5. Referências do paciente (intercorrências, alterações de hábitos, adequação da dieta,...)	5. Destino
6. Eliminações	6. Dúvidas, providências e respostas observadas.	——
7. Conhecimento da doença e tratamento	7. Orientações ministradas e verificação da assimilação de orientações anteriores.	——
8. Sorologia Hepatite e HIV	8. Intercorrências, providências e resultados obtidos.	——
9. Vacinação	9. Análise da diferença de peso (ΔP)	——
10. Inscrição em programa de transplante	10. Alteração da dosagem de heparina (se houver)	——
11. Orientações ministradas	11. Duração da sessão.	——

PRESCRIÇÃO DE ENFERMAGEM

É o conjunto de condutas, decididas pelo enfermeiro, que direcionam e coordenam a assistência de enfermagem ao paciente, de forma individualizada e contínua, subsidiada pela evolução de enfermagem.

O paciente submetido à hemodiálise neste hospital, tem suas necessidades assistenciais supridas pelos implementos dos padrões assistenciais estabelecidos para o Serviço e a evolução de enfermagem analisada e controlada continuamente em todas as sessões pelo enfermeiro. A pres-crição de enfermagem, portanto, ocorrerá apenas em situações que não caracterizam uma rotina, utilizando-se para tal, o espaço "observações" do impresso Nefro 8 (Anexo I).

ANOTAÇÃO DE ENFERMAGEM

É a comunicação da assistência de enfermagem prestada ao paciente, determinada em prescrição ou estabelecida em normas e rotinas da unidade, assim como da observação dos sinais e sintomas detectados e de outras informações sobre o paciente.

Para propiciar o entendimento de todos os que as utilizam, as anotações devem ser descritivas, claras, sucintas, completas, exatas, objetivas e livres de julgamento.

São consideradas anotações de enfermagem:

• **Registros Descritivos:** é a narração escrita, em impresso próprio, do que foi realizado, observado ou informado pelo paciente ou acompanhante.

• **Anotação em impressos especiais:** é o registro de determinados dados específicos do paciente dispostos de forma a facilitar a sua visualização evolutiva. No Serviço de Hemodiálise, referem-se aos impressos Nefro 8 e Nefro 10, conforme Manual de Procedimentos da Comissão de Nefrologia da GEPRO – CDC.

• **Sinal gráfico:** é a comunicação por meio de um sinal que informa a realização ou não da prescrição médica e de enfermagem. Utiliza-se o sinal (/) para a ação realizada e (0) para a não realizada. A anotação em sinal gráfico (/ ou 0), quando necessário, será acompanhada pela anotação descritiva de intercorrência ou pela justificativa da não realização do cuidado.

NORMAS GERAIS PARA REGISTRO DE ENFERMAGEM

♦ Todos impressos utilizados devem ser devidamente identificados com o nome do paciente e número de atendimento.

♦ Todo registro deve ser precedido de data e horário e finalizado com a rubrica, a sigla e a função do funcionário que o realizou.

♦ Toda assistência de enfermagem prestada ao paciente é anotada.

♦ A anotação é feita pelo funcionário que dá assistência de enfermagem logo após a prestação do cuidado, da observação ou informação recebida.

♦ Só são permitidas abreviaturas padronizadas pelo Departamento de Enfermagem.

♦ Todas as unidades têm a relação nominal com a respectiva rubrica dos seus funcionários.

♦ Os impressos utilizados pela enfermagem são documentos legais, não podendo, portanto, serem rasurados. Em caso de engano, usar "digo" entre vírgulas.

CONSIDERAÇÕES FINAIS

O SAE desenvolvido no Serviço de Hemodiálise, além de responder aos objetivos assistenciais propostos, vem demonstrando a possibilidade de assegurar um dos aspectos mais importantes que caracteriza o paciente renal crônico: a necessidade de receber um tratamento personalizado, humanizado e contínuo, obtido principalmente por meio da interação entre o enfermeiro, paciente e família. Possibilita ao enfermeiro a visualização dos resultados de suas ações, motivando-os na busca constante de desenvolvimento e crescimento profissional, visando atender cada vez mais as necessidades de sua clientela.

Apenas estabelecer e implantar o processo de enfermagem, não garante a qualidade da assistência prestada. Para CIANCIARULLO (1997), o processo de enfermagem, visto como uma sistematização das ações de enfermagem, passa a ser um instrumento facilitador do processo de avaliação da qualidade, e não um fim em si mesmo, como tem sido muitas vezes visualizado em nosso meio.

É necessário que a filosofia do SAE esteja incorporada e que todos os enfermeiros sejam sensibilizados e continuamente estimulados, para que num processo de realimentação aconteça um desenvolvimento responsável e capaz, subsidiado pelo processo de auditoria implementado.

Uma das maiores dificuldades encontradas refere-se a falta de preparo dos profissionais que conseguem visualizar os problemas, mas não têm embasamento teórico-prático necessário para estabelecer, avaliar e reformular condutas.

O processo de enfermagem implementado no HU-USP não se caracteriza apenas por uma modificação no estilo da assistência ou na forma de conceber a enfermagem, mas fundamentalmente, na possibilidade de assumir a responsabilidade profissional e avaliar a qualidade da assistência prestada.

A filosofia, conceitos e normas estabelecidas no Manual do Sistema de Assistência de Enfermagem do Departamento de Enfermagem do HU-USP, fazem parte deste contexto desde sua implantação.

No decorrer destes anos várias contribuições da direção, dos enfermeiros assistenciais e docentes foram incorporadas, resultando na última versão em 1992.

O manual foi utilizado para o desenvolvimento deste capítulo, sendo em parte transcrito ou servindo para subsidiar as alterações necessárias.

REFERÊNCIAS BIBLIOGRÁFICAS

BENKO, M.A.; CASTILHO, V. Operacionalização de um sistema de assistência de enfermagem. In: CAMPEDELLI, M.C. *Processo de enfermagem na prática.* São Paulo, Ática, 1989. Cap. 7, p. 89-111.

CIANCIARULLO, T. I. *C & Q*: teoria e prática em auditoria de cuidados. São Paulo, Ícone, 1997.

SÃO PAULO. Secretaria de Estado da Saúde. Gepro CDC. *Nefrologia*: manual de procedimentos. São Paulo, 1989. 51p.

UNIVERSIDADE DE SÃO PAULO. Hospital Universitário. Departamento de Enfermagem. *Manual do Sistema de Assistência de Enfermagem.* São Paulo, 1992. 70p.

ANEXO I

FORMULÁRIO NEFRO 8

FOLHA DE PRESCRIÇÃO E CONTROLE DE HEMODIÁLISE

NOME DO PACIENTE				
DIÁLISE Nº	DATA	INÍCIO	TÉRMINO	REGISTRO

DIÁLISE ANTERIOR

DURAÇÃO	PESO (PÓS)	HEPARINA (TOTAL)
PA (PÓS)	TEMP. AX. MÁX.	DATA
	DIÁLISE ATUAL	

DIÁLISE ATUAL

PESO SECO				
DADOS	PRÉ	PÓS	DURAÇÃO (MIN)	FLUXO D
PESO			DIALISATONA CA	FLUXO S
PA			DIALISADOR TIPO	HEPARINA
HIC			DIALISADOR USO Nº	PRESSÃO VENOSA
DIF. PESO			PRIMING ( ) SIM ( ) NÃO	PRESSÃO DE ULTRAFILTRAÇÃO

PRESSÃO \ HORA
300
280
260
240
220
200
180
160
140
120
100
80
60
40
20
0
ULTRAFILTRAÇÃO
TEMP. AX.
HEPARINA
TC
TRANF
OUTROS
OBSERVAÇÕES

ARQUIVO DA UNIDADE

A Qualidade no Serviço de Hemodiálise

Fernanda Maria Togeiro Fugulin
Antônio Fernandes Costa Lima
Sandra Andreoni
Sandra Mayumi Osawa Fuzii

A situação atual dos serviços de saúde no Brasil, vem causando inúmeras preocupações tanto para os usuários, quanto para os profissionais de saúde.

Os órgãos governamentais e instituições de saúde vêm há alguns anos desenvolvendo ensaios incipientes quanto à forma de prestar à população uma assistência adequada e segura.

Apesar de todas as discussões que vêm sendo desenvolvidas acerca da qualidade dos serviços de saúde e do aparente interesse e atenção dos administradores das instituições para com este assunto, as ocorrências divulgadas pela mídia, que envolvem principalmente os pacientes renais crônicos, causam constrangimento aos profissionais de saúde envolvidos e preocupados com a melhoria da qualidade assistencial no Brasil.

Segundo CIANCIARULLO (1997), ainda existe um caminho a percorrer em relação ao significado da qualidade na área da saúde, em relação a como medir objetivamente a qualidade dos serviços recebidos pelos usuários, em relação a como diferenciar a qualidade dos diversos serviços oferecidos por diferentes instituições e o que fazer para determiná-la.

Um serviço de qualidade, segundo CAMPOS (1992), é aquele que atende perfeitamente, de forma confiável, segura e no tempo certo as necessidades do cliente.

SILVA (1994), considera que a qualidade não deve ser visualizada como meta, mas como um processo contínuo na busca de melhoramentos visando uma prestação de serviços que atenda cada vez mais e melhor a clientela que dele se utiliza.

DONABEDIAN (1966), classifica a qualidade de acordo com a estrutura, o processo e o resultado. Por estrutura ele entende as qualificações, as certificações e outros atributos similares aos recursos utilizados nos serviços de saúde; por processo, o conjunto de atividades envolvendo médicos e outros profissionais no serviço de saúde dos pacientes e por resultado, a conseqüência ou benefício da intervenção.

Para CIANCIARULLO (1997), a qualidade inclui todos os componentes da estrutura, do processo e dos resultados, além dos recursos e condições necessárias para sua implementação.

O Ministério da Saúde estabeleceu padrões e critérios de assistência para os serviços de terapia renal substitutiva determinando inclusive normas relativas aos indicadores de estrutura e processo, sem as quais um serviço estaria impossibilitado de ser cadastrado e que se observadas, com certeza, assegurariam aos pacientes uma exposição mínima aos riscos a que estão sujeitos e uma assistência de melhor qualidade.

A equipe de enfermagem do Serviço de Hemodiálise do HU-USP, preocupada em oferecer uma assistência de melhor qualidade, tem procurado atender as necessidades da clientela, garantir uma assistência segura por meio da utilização de recursos estruturais adequados, observando as normas, padrões e critérios estabelecidos pelo Ministério da Saúde e implementando ações que possibilitem a sistematização, individualização e humanização da assistência, bem como a avaliação dos processos implementados e resultados obtidos.

Para atender seus objetivos e especificidades próprias de unidade inserida dentro de um contexto hospitalar, contempla em sua estrutura física uma sala para o atendimento de pacientes renais agudos internados na instituição, que geralmente apresentam agravos de saúde que podem tornar-se fator de estresse e ansiedade para os demais pacientes, se dialisados na mesma sala.

A distribuição dos pacientes, observando-se a determinação do Ministério da Saúde, ocorre de acordo com o fluxograma:

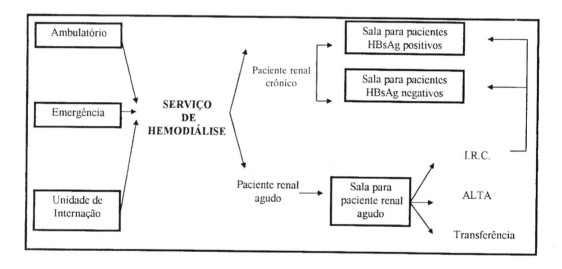

Ao ser admitido no programa de hemodiálise o paciente deve possuir sorologia para hepatite B, C e HIV com resultados conhecidos. Se eventualmente for necessária a admissão de pacientes com sorologia desconhecida, estes serão dialisados em máquina específica diferenciada das demais, localizada na sala de pacientes renais agudos.

Os pacientes com sorologia positiva para HIV e Hepatite C, são dialisados na sala para pacientes renais crônicos HBsAg negativos, no último turno de funcionamento do Serviço, visando a agilização da dinâmica operacional uma vez que o tempo gasto no processo de desinfecção das máquinas utilizadas por estes pacientes, acarretaria atraso na instalação dos pacientes do próximo turno, se realizado no período da manhã.

Apesar de se observar a distribuição dos pacientes de acordo com os resultados de sorologias por eles apresentados, conforme determinação do Ministério da Saúde, compreendendo que essa determinação visa a prevenção de possíveis contaminações, acredita-se que com o uso adequado das precauções padrão e treinamento efetivo da equipe essas recomendações deixariam de ter significado.

MOLONEY (1986), afirma que é chegado o tempo de os enfermeiros e a enfermagem aceitarem a responsabilidade profissional pela qualidade dos cuidados recebidos pelos pacientes.

Assim, embora a Portaria Ministerial (1996) designe o diretor clínico das unidades de diálise como o responsável pela qualidade da água tratada, no HU-USP, corroborando com a afirmativa de MOLONEY, os enfermeiros têm participado efetivamente do controle, avaliação e implementação de ações que visem a manutenção da qualidade da água, assim como dos equipamentos e materiais utilizados.

Considerando-se ainda a qualidade da água e as recomendações do Ministério da Saúde, verifica-se na vivência profissional, que o uso de deionizador concomitante ao módulo de osmose reversa oferece maior segurança aos pacientes submetidos à hemodiálise e conseqüentemente aos profissionais que realizam tais procedimentos.

Com relação à reutilização de materiais específicos para hemodiálise, a portaria do Ministério da Saúde não menciona os catéteres de duplo lúmen e os isoladores do condutor de pressão. No HU-USP, como medida de segurança, utiliza-se o catéter de duplo lúmen em um único paciente e os isoladores do condutor de pressão são desprezados após cada sessão.

Assim como acontece em todas as unidades do Departamento de Enfermagem (DE), visando melhorar a assistência ao paciente e as condições de trabalho de toda a equipe, os enfermeiros do Serviço de Hemodiálise gerenciam os recursos materiais da seção respondendo pela previsão, provisão, organização e controle de todo o material e equipamento utilizado. Participam também do processo de seleção e compras de materiais e equipamentos específicos, realizando testes e emitindo parecer técnico com relação ao atendimento das necessidades aos quais se destinam.

Tão importante quanto a necessidade de adequação, manutenção, avaliação e controle da qualidade da água, da estrutura física, dos equipamentos e materiais utilizados, os recursos humanos não têm merecido a mesma atenção dos administradores e dos órgãos governamentais e não governamentais.

O dimensionamento inadequado de recursos humanos tanto em seus aspectos quantitativos quanto nos qualitativos, vem demonstrando ser, em várias situações, o principal responsável pelo comprometimento da assistência prestada.

O Ministério da Saúde recomenda que deve haver um enfermeiro para cada vinte e cinco pacientes e um técnico de enfermagem para cada quatro pacientes, por turno de hemodiálise.

Analisando-se a complexidade do tratamento e a competência dos profissionais envolvidos no desenvolvimento das atividades, considera-se necessária a reavaliação desta recomendação uma vez que essa relação impossibilita ao enfermeiro a execução de quaisquer outras atividades que não a supervisão superficial dos procedimentos executados.

A equipe de enfermagem do Serviço de Hemodiálise do HU-USP, planejada e organizada para atender cinco pacientes por período (manhã e tarde), de segunda à sábado, é formada por três enfermeiros e quatro técnicos de enfermagem, distribuídos da seguinte forma: um enfermeiro e dois técnicos de enfermagem para cada período de trabalho. A cobertura de férias e possíveis licenças é realizada pelo terceiro enfermeiro do quadro.

Este dimensionamento tem possibilitado aos enfermeiros desenvolverem atividades assistenciais, assumindo a responsabilidade da execução de procedimentos para os pacientes que apresentem instabilidade das funções vitais; de planejar, realizar, supervisionar e avaliar o atendimento das necessidades dos pacientes de forma individualizada e humanizada; de promover a capacitação e o desenvolvimento de recursos humanos; de gerenciar recursos materiais e participar efetivamente da implantação e implementação de todas as ações que visem manter um processo contínuo de melhoria assistencial.

O Serviço de Hemodiálise do HU-USP só iniciou suas atividades após adequação dos recursos estruturais, materiais e capacitação dos recursos humanos. Considerando-se as características, especificidades dos pacientes renais crônicos e a complexidade do tratamento, a equipe de enfermagem inicialmente composta por dois enfermeiros e dois técnicos de enfermagem, foi submetida a treinamento específico, teórico-prático, em uma unidade de diálise de outra instituição com características semelhantes ao do serviço a ser implantado no HU-USP.

Após o treinamento essa equipe responsabilizou-se pela elaboração dos manuais de rotinas e procedimentos do serviço, utilizando-se de material teórico disponível na literatura, assim como pela organização dos recursos estruturais e materiais juntamente com a equipe médica da unidade.

A admissão de pacientes no programa de hemodiálise aconteceu de forma gradual, possibilitando a adaptação progressiva da equipe ao desenvolvimento das atividades.

Com a admissão de novos pacientes e necessidade de aumento do quadro de pessoal de enfermagem, os novos elementos que passaram a integrar a equipe foram treinados de acordo com o conteúdo teórico-prático elaborado pelos enfermeiros do serviço (Anexo I).

O programa de orientação específica proposto foi elaborado de forma a possibilitar um desenvolvimento teórico-prático gradual e crescente do funcionário. A duração deste programa está diretamente relacionada à capacidade de assimilação de cada elemento, sendo possível a realização de mudanças quando estas se fizerem necessárias. Devido a especificidade dos procedimentos realizados este programa pode ser utilizado tanto para a orientação dos profissionais de nível universitário quanto para técnicos e auxiliares de enfermagem, enfatizando-se as atividades e competências pertinentes a cada profissional. Para o detalhamento das orientações os enfermeiros utilizam os manuais de procedimentos e equipamentos do serviço.

Embora todos os enfermeiros estejam capacitados para realizar o treinamento de novos funcionários, baseados na vivência profissional e competência adquirida,

54

visando a facilitação e continuidade do processo de ensino-aprendizagem, consideram que apenas um elemento deva responsabilizar-se por sua aplicação e supervisão.

Apesar das considerações realizadas e das discussões que vêm sendo desenvolvidas acerca da qualidade nos Serviços de Hemodiálise, não basta que os profissionais de saúde se preocupem apenas com a adequação estrutural desses serviços ou com a utilização de recursos tecnológicos sofisticados para garantir uma boa qualidade assistencial.

Os profissionais devem responsabilizar-se por suas ações e pelos resultados obtidos, controlando-os continuamente de forma a oferecer suporte para o desenvolvimento da qualidade total num contexto multi-profissional.

O enfermeiro deve buscar o constante aprimoramento dos seus conhecimentos de forma que estes lhe possibilitem o reconhecimento das necessidades humanas afetadas e permitam a reflexão necessária para a tomada de decisões na adequação da assistência de enfermagem. Possuindo o conhecimento adequado será capaz de posicionar-se dentro deste contexto multiprofissional e realmente assumir a responsabilidade por suas ações.

Neste sentido, a Sociedade Brasileira de Enfermagem em Nefrologia, vem imprimindo esforços que favoreçem a capacitação e o desenvolvimento dos enfermeiros que atuam nesta área.

Além de conhecimento científico, no entanto, e tão importante quanto o domínio de máquinas, técnicas e procedimentos, há a necessidade de se rever o caráter impessoal que tem marcado o atendimento dos pacientes e seus familiares.

O enfermeiro enquanto coordenador da equipe de enfermagem deve procurar humanizar a assistência prestada, percebendo e identificando as necessidades e expectativas individuais de sua clientela, alertando e orientando sua equipe para a importância desses aspectos.

Os pacientes, por sua vez, parecem estar conscientizando-se da importância de se posicionarem e exigirem uma forma de atendimento por eles considerada adequada, participando e formando associações que os representam junto aos órgãos governamentais e instituições de saúde.

Acredita-se que esse movimento possa caracterizar uma mudança na visão de qualidade, uma vez que poucos estudos têm se direcionado para descrição das necessidades de cuidados percebidos pelos pacientes.

Neste capítulo procurou-se evidenciar os caminhos percorridos pelos enfermeiros do Serviço de Hemodiálise do HU-USP, envolvidos e comprometidos com seus clientes e com a profissão, na busca contínua da melhoria da qualidade assistencial.

Acredita-se que essa experiência deva ser refletida, analisada, aprofundada, adequada a cada realidade institucional, contribuindo para a formulação de outros modelos. Não se pretende aqui, oferecer um modelo pronto, mas subsidiar mudanças de atitudes dos profissionais, tendo como meta melhorar a qualidade da assistência ao paciente renal crônico.

REFERÊNCIAS BIBLIOGRÁFICAS

BRASIL. Ministério da Saúde. Portaria n° 2.042 de 11 de outubro de 1996.

CAMPOS, V.F. *Controle de qualidade total (no estilo japonês)*. Rio de Janeiro, Escola de Engenharia da D.F.M.G., 1992.

CIANCIARULLO, T.I. *C&Q:* teoria e prática em auditoria de cuidados. São Paulo, Ícone, 1997.

DONABEDIAN, A. Evaluating the quality of medical care. *Milbank M. Fund. Q.,* v. 44, p.166-206, 1996.

MOLONEY, M.M. *Profissionalization of nursing:* currents issues and trends. Philadelphia, Lippincott, 1986.

SILVA, S.H. *Controle da qualidade assistencial de enfermagem.: implementação de um modelo.* São Paulo, 1994. 182p. Tese (Doutorado) - Escola de Enfermagem, Universidade de São Paulo.

ANEXO I

PROGRAMA DE ORIENTAÇÃO ESPECÍFICA SERVIÇO DE HEMODIÁLISE		

Apresentação da
planta física
	distribuição de pacientes
	nas áreas de atendimento
		– pacientes renais crônicos
		  portadores de hepatite B
		– pacientes renais agudos
		– pacientes renais crônicos com
		  sorologia negativa para hepatite B

Apresentação da equipe médica e de enfermagem	composição e funções dos elementos da equipe de enfermagem	– enfermeiros – técnicos de enfermagem

Relacionamentos
com outros serviços
	normas e rotinas	– Farmácia / Nutrição / Laboratório
		  Serviço Social /Almoxarifado
		  Banco de Sangue / Central de Material
		  e Esterilização (CME) /
		  Manutenção / Zeladoria

Padrão assistencial	filosofia, finalidade e objetivo	– individualização da assistência – orientação para o autocuidado
Sistematização da assistência	modelo operacional do Serviço de hemodiálise	– Histórico de Enfermagem – Prescrição de Enfermagem – Evolução de Enfermagem – Anotação de Enfermagem

Conteúdo teórico	IRC e IRA
	métodos dialíticos
	hemodiálise
		– conceito e causas
		– conceito, tipos e indicações
		– conceito, vias de acesso,
		– princípio hemodinâmico
		• Assistência de enfermagem
		  ao paciente em Hemodiálise
		• Complicações em Hemodiálise
		  e intervenções de enfermagem
		• Aspectos psicológicos do
		  paciente renal crônico

Ampliação do
conteúdo teórico
	indicação e fornecimento
	de bibliografia
		– discussão e esclarecimento de
		  dúvidas referentes ao material
		  consultado

Tratamento da água	Deionizador e Osmose reversa	– abastecimentos das máquinas e bancadas – controles (da qualidade da água)
Materiais específicos	funções e características	– dialisador capilar – equipo arterial – equipo venoso – isolador do condutor de pressão – agulha para fístula artério venosa – catéter duplo lúmen – pinça para pressão positiva

Equipamentos específicos	mecanismo de funcionamento processo de desinfecção manutenção preventiva	– máquina para hemodiálise – bomba rolete* – detector de bolhas* – monitor de pressão venosa* – condutivímetro*
Procedimentos específicos	identificação do material	– dialisador capilar e caixa que o acondiciona
	retirada da solução	– dialisador capilar e equipos arterial e venoso
	preparo da máquina para hemodiálise	– preparo do banho para hemodiálise – verificação da condutividade**
	instalação da hemodiálise	– via FAV – via catéter duplo lúmen
	coleta de amostras de sangue para exames	– rotina mensal, trimestral e semestral
	monitorização da pressão venosa instalação da pinça para pressão positiva**	
	desligamento da hemodiálise	– via FAV – via catéter duplo lúmen – retirada do dialisador e equipos arterial e venoso da máquina
	reprocessamento dos dialisadores capilar e equipos arterial e venoso***	– material contaminado (hepatite B e C) – material não contaminado – registro e controle do reprocessamento
Precauções padrão	observação e utilização na realização dos procedimentos	– relativos ao paciente – relativo a materiais e equipamentos
Intercorrências com materiais e equipamentos durante a hemodiálise	substituição de materiais	– dialisador capilar – equipo arterial – equipo venoso
	substituição de equipamentos	– bomba rolete – detector de bolhas – máquina para hemodiálise
Roteiro de critérios	visualização das atividades a serem desenvolvidas e formas para sua avaliação e medição da qualidade assistencial	– discussão e esclarecimento de dúvidas

* Equipamentos utilizados para máquina tipo Tanque-RSP.
** Procedimentos realizados para máquinas tipo Tanque-RSP.
* ** Material utilizado em pacientes portadores de HIV será desprezado conforme preconizado pelo Ministério da Saúde.

Elaborando e Desenvolvendo Padrões e Critérios de Qualidade

capítulo 6

Antônio Fernandes Costa Lima
Fernanda Maria Togeiro Fugulin
Sandra Andreoni
Sandra Mayumi Osawa Fuzii
Terezinha Hiroko Fujiki Hashimoto

O panorama do sistema de prestação de cuidados à saúde tem demonstrado que os processos de cura e tratamento da saúde da população permanecem problemáticos, mesmo diante dos mais sofisticados sistemas e tecnologia de atendimento.

Apesar da preocupação de algumas organizações e principalmente dos profissionais de saúde com a qualidade dos serviços prestados, freqüentemente somos sobressaltados por notícias divulgadas pela mídia com relação ao tipo de atendimento realizado em várias regiões do país.

O paciente renal crônico, ao longo de décadas, vem enfrentando dificuldades desde o acesso a hemodiálise, até a falta de condições mínimas para a realização deste tipo de tratamento.

Informações obtidas junto a Associação de Pacientes Renais Crônicos de São Paulo, caracterizam a existência de mais de 24 mil pacientes submetidos à sessões de hemodiálise em 1995, porém não encontramos dados estatísticos que demonstrem o número real de pacientes renais crônicos existentes no país.

Embora o avanço tecnológico possibilite um melhor atendimento aos pacientes submetidos a hemodiálise, observa-se que a escassez de profissionais capacitados para a atuação nesta área e a inobservância das normas estabelecidas pelo Ministério da Saúde são os principais fatores de comprometimento da qualidade dos resultados da assistência prestada.

A Organização Mundial da Saúde, em seu documento "Metas da saúde para todos" (1985), aponta como uma das metas a serem atingidas, a qualidade dos serviços, propondo para tanto, a adoção de métodos de monitorização sistemática dos cuidados administrados, visualizando a avaliação e o controle como componentes permanentes das atividades profissionais.

O estabelecimento de padrões assistenciais, considerado como uma das etapas para a implementação do controle de qualidade, é definido por CIANCIARULLO (1988), como conjunto de características específicas relacionadas aos aspectos cuidativos aceitos como princípios pelos enfermeiros, favorecendo a determinação dos níveis quali-quantitativos das ações de enfermagem dentro dos perfis desejados pela instituição.

Para a AMERICAN NURSES'ASSOCIATION (1981), um padrão assistencial é uma afirmação enunciada e promulgada por profissionais e pela qual a qualidade da prática pode ser julgada. Os critérios originados da explicitação dos padrões atuam como indicadores da qualidade da assistência e base para a mensuração dessa qualidade.

O Serviço de Hemodiálise do Hospital Universitário da Universidade de São Paulo (HU-USP), utiliza desde a sua implantação, há 4 anos, padrões e critérios implícitos de assistência de enfermagem. No entanto, a necessidade de estabelecer indicadores de qualidade de assistência de enfermagem objetivos e mensuráveis e a gravidade dos acontecimentos relacionados a hemodiálise ocorridos no país, levou o grupo de enfermeiros a desenvolver e propor critérios explícitos de assistência de enfermagem a pacientes em programas de hemodiálise e a seus familiares.

CARACTERIZAÇÃO DO SERVIÇO

O Hospital Universitário, parte integrante do sistema integrado de saúde da Universidade de São Paulo, tem por finalidade promover o ensino, a pesquisa e a extensão de serviços à sociedade. Tem como objetivos específicos estimular e promover o ensino e a pesquisa, servindo de campo de atividades e desenvolvimento de alunos; desenvolver atividades assistenciais de prevenção e tratamento da doença, bem como de proteção e recuperação da saúde e colaborar com as instituições de ensino no desenvolvimento de tecnologias assistenciais, educativas e operacionais expressos no regimento do HU (Universidade de São Paulo, 1990).

O HU-USP presta serviços ao corpo docente, discente e servidores da USP, pacientes particulares e de convênios, bem como à população pertencente a região do Butantã (Núcleo I – DIR I), do Sistema Unificado de Saúde, atuando como referência secundária deste sistema e atendendo as quatro especialidades básicas: clínica médica geral, cirurgia geral, pediatria e obstetrícia.

O Serviço de Hemodiálise do HU-USP iniciou suas atividades em fevereiro de 1992 e tem por finalidade o atendimento aos pacientes renais crônicos pertencentes à comunidade USP e aos pacientes renais agudos internados no hospital, que necessitem ser submetidos a hemodiálise.

Estruturalmente a unidade foi planejada e organizada para atender cinco pacientes por período, sendo três pacientes renais crônicos com sorologia negativa para hepatite B, um paciente renal agudo e um paciente renal crônico com sorologia positiva para hepatite B.

Este atendimento é realizado de segunda a sábado em dois turnos: das 07:00 às 13:00 horas e das 13:00 às 19:00 horas.

A equipe do Serviço de Hemodiálise é composta por quatro médicos nefrologistas, três enfermeiros e quatro técnicos de enfermagem, distribuídos da seguinte forma: 1 médico, 1 enfermeiro e 2 técnicos de enfermagem por turno. O terceiro enfermeiro do quadro realiza as coberturas de férias e licenças.

A área física compreende:

• sala de emergência;

- sala para pacientes portadores de hepatite B;
- sala para pacientes renais agudos;
- sala para pacientes renais crônicos com sorologia negativa para hepatite B;
- sala para reprocessamento de material (reuso);
- sala para guarda de equipamentos;
- consultório;
- sanitário;
- posto de enfermagem.

ESTABELECIMENTO DE PADRÕES E CRITÉRIOS

A equipe de enfermagem do Serviço de Hemodiálise reúne-se sistematicamente para discutir as dificuldades encontradas na prática da assistência prestada aos pacientes em programa de hemodiálise, bem como a necessidade de adequação das rotinas e procedimentos, visando o estabelecimento de condutas uniformes e melhoria contínua da qualidade assistencial.

A partir dessas reflexões e considerando as características específicas da clientela atendida, o grupo de enfermeiros sentiu a necessidade de explicitar os padrões e critérios de assistência de enfermagem já utilizados desde a implantação deste serviço.

Essa necessidade veio ao encontro à proposta apresentada pelo Grupo de Estudos de Padrões e Auditoria (GEPA) do Departamento de Enfermagem (DE) do HU-USP, de revisar e atualizar os padrões e critérios já descritos nas unidades de internação, assim como de elaborá-los nas unidades que ainda não os tivessem documentados.

O padrão assistencial estabelecido para o serviço, contemplando os aspectos determinados pelo Ministério da Saúde (portaria 2.042, de 11/10/96, publicada no D.O.U. nº 199, de 14/10/96), assegura a cada paciente:
– exposição mínima aos riscos decorrentes do tratamento;
– monitoramento permanente da evolução do tratamento assim como de seus efeitos adversos;
– que o tratamento a que se submete tenha como conseqüência a garantia de uma melhora em seu estado de saúde e uma sobrevida maior, com melhor qualidade de vida.

Os critérios foram desenvolvidos por meio de reuniões realizadas entre os enfermeiros do Serviço de Hemodiálise e do GEPA, baseando-se nos documentos existentes, nas prioridades definidas pela unidade e nos padrões estipulados e aceitos pelos enfermeiros.

Foram categorizados segundo as necessidades humanas básicas (N.H.B.) dos pacientes, em função dos procedimentos aos quais se submetem e dos cuidados específicos com os equipamentos e a tecnologia utilizada, com o objetivo de facilitar o processo de ensino-aprendizagem. São apresentados sob a forma de roteiro com a finalidade de facilitar a consulta e a elaboração de instrumentos de medição.

As necessidades humanas básicas, preconizadas por horta (1979), foram priorizadas segundo o perfil dos pacientes atendidos neste serviço: atenção, gregária, comunicação, aceitação, participação, aprendizagem, terapêutica, regulação hidroeletrolítica, regulação vascular e segurança.

No roteiro foram abordados os procedimentos considerados pelo grupo como os mais significativos para o paciente, sendo realizada uma identificação sumária destes, enfatizando a parte que os validam em relação ao processo de garantia da qualidade assistencial e os critérios de avaliação das ações de enfermagem.

Os procedimentos foram categorizados segundo as necessidades humanas básicas em:

NHB	PROCEDIMENTO
regulação hidroeletrolítica	– peso
regulação vascular	– pressão arterial – pulso
aprendizagem	– lavagem das mãos – lavagem da fístula artério venosa – possibilitar ao paciente e família a exposição de dúvidas e ansiedades
terapêutica	– punção da fístula artério venosa – coleta de exames – heparinização – instalação da hemodiálise – atendimento de pacientes com intercorrências graves – desligamento da hemodiálise – vacinação do paciente contra hepatite B
segurança	– hemodiálise em pacientes contaminados – hemodiálise em pacientes renais agudos – retirada do catéter de duplo lúmen – utilização de precauções padrão – localização do carro de emergência – retirada da solução de Peróxido de hidrogênio do dialisador capilar e equipos arterial e venoso – montagem do dialisador capilar e equipos arterial e venoso na máquina para hemodiálise

NHB	PROCEDIMENTO
segurança	– limpeza externa e desinfecção da máquina para hemodiálise FRESENIUS 2008 E – limpeza externa e desinfecção da máquina para hemodiálise TRAVENOL RSP – identificação do dialisador capilar e caixa plástica que o acondiciona – reprocessamento dos dialisadores e equipos arterial e venoso – limpeza dos equipamentos, mobiliários e utensílios – controle da qualidade da água para hemodiálise – regeneração das resinas do deionizador – troca dos filtros pós-deionizador – desinfecção do módulo de osmose reversa da máquina FRESENIUS 2008 E – limpeza do reservatório de água da sala de reuso – cultura e pesquisa físico-química da água – vacinação do funcionário contra hepatite B adequação de recursos humanos de enfermagem
gregária	– apresentação do paciente admitido no programa aos outros pacientes, equipe médica e de enfermagem
participação	– relacionamento do paciente com a família
atenção	– apresentação do setor ao paciente e família orientação das rotinas
comunicação	– capacidade do paciente em se comunicar expressão afetiva
aceitação	– identificação por meio da aparência geral, comportamento e comunicação verbal de possíveis problemas relacionados a aceitação da doença

A forma de apresentação do roteiro de critérios visando mensurar a qualidade assistencial, procurou proporcionar aos enfermeiros e alunos de graduação em enfermagem maior subsídio para compreensão do significado das necessidades humanas básicas neste contexto, bem como oferecer um exemplo prático de sua aplicação. Sua utilização torna-se um instrumento importante para o trabalho da equipe de enfermagem, uma vez que fundamenta as ações do enfermeiro (planejamento, execução, orientação, controle e avaliação da assistência prestada) e proporciona aos técnicos de enfermagem a visualização das atividades a serem desenvolvidas e as formas utilizadas para sua validação e medição da qualidade (Anexos I, II e III).

CONSIDERAÇÕES FINAIS

Os padrões e critérios estabelecidos, além de direcionar as atividades da equipe, desvelam sob a forma de roteiro, o significado dos itens em relação aos aspectos mensuráveis das atividades da equipe de enfermagem. Fundamentam também, a elaboração dos instrumentos de controle por um grupo de padrões e Auditoria, visando a instrumentalização desta mensuração, podendo ser utilizado por qualquer instituição que tenha interesse em controlar suas atividades. Em relação a dinâmica do próprio serviço, o grupo considera que este roteiro subsidia a supervisão dos processos assistenciais utilizados e dos resultados destes junto aos pacientes em programa de hemodiálise.

REFERÊNCIAS BIBLIOGRÁFICAS

AMERICAN NURSES'ASSOCIATION. *Standards perioperative nursing pratice.* Kansas City 40:the association.1981.

BRASIL. Ministério da Saúde. portaria nº 2.042 de 11 de outubro de 1996.

CIANCIARULLO, T.I. *Análise retrospectiva da qualidade de assistência de enfermagem em um hospital universitário.* São Paulo,1988. 243p. Tese (livre docência) - Escola de Enfermagem, Universidade de São Paulo.

HORTA, W.A. *Processo de enfermagem.* São Paulo, EPU, 1979. 96 p.

ORGANIZAÇÃO MUNDIAL de SAÚDE.*As metas da saúde para todos:* metas de estratégia regional da saúde para todos. Lisboa, 1985.

UNIVERSIDADE DE SÃO PAULO. Hospital Universitário.*Regimento do Hospital Universitário*, São Paulo, 1990.

ANEXO 1

DEPARTAMENTO DE ENFERMAGEM – HU-USP
SERVIÇO DE HEMODIÁLISE
ROTEIRO DE CRITÉRIOS

I – RELACIONADOS AO PACIENTE

N.H.B.	PROCEDIMENTO	DESCRIÇÃO SUMÁRIA DO PROCEDIMENTO	CRITÉRIOS
ATENÇÃO	Admissão do paciente no programa	Apresentar a área física do Serviço de Hemodiálise enfatizando os locais onde o paciente terá maior acesso. Orientar ao paciente as rotinas do Serviço.	Supervisão e/ou auditoria operacional.
GREGÁRIA	Admissão do paciente no programa	Apresentar o novo paciente aos pacientes em programa de hemodiálise, à equipe médica e à equipe de enfermagem.	Supervisão e/ou auditoria operacional.
COMUNICAÇÃO	Capacidade do paciente em comunicar-se.	Avaliar a capacidade do paciente na expressão do raciocínio: coerência, confusão, dificuldade/facilidade em se exprimir.	Tem registro na Evolução de Enfermagem: – qualquer alteração observada com relação a capacidade do paciente em comunicar-se; – fatores ou situações que facilitem ou dificultem a comunicação.
	Expressão afetiva	Observar a capacidade do paciente expressar ou não seus sentimentos e a forma como o faz.	Tem registro no impresso Evolução de Enfermagem do comportamento e das formas utilizadas pelo paciente para expressar seus sentimentos: agressividade, raiva, ansiedade, indiferença...
ACEITAÇÃO	Aparência geral e vestimenta	Observar condições do vestuário (adequação), aspectos de cuidado corporal. Observar referências explícitas do paciente em relação ao processo vivenciado.	Tem registro no impresso Evolução de Enfermagem das alterações observadas com relação a adequação do vestuário e cuidado corporal, bem como das referências explícitas do paciente.

CONTINUAÇÃO – ANEXO 1

DEPARTAMENTO DE ENFERMAGEM – HU-USP
SERVIÇO DE HEMODIÁLISE
ROTEIRO DE CRITÉRIOS

I – RELACIONADOS AO PACIENTE

N.H.B.	PROCEDIMENTO	DESCRIÇÃO SUMÁRIA DO PROCEDIMENTO	CRITÉRIOS
PARTICIPAÇÃO	Relação do paciente com seus familiares	Observar o relacionamento do paciente e família para caracterizar a capacidade deste em assumir o próprio tratamento ou a necessidade da família assumi-lo.	Tem registro no impresso Evolução de Enfermagem do relacionamento observado entre o paciente e família.
APRENDIZAGEM	Possibilitar ao paciente e família a exposição de suas dúvidas e ansiedades.	- Levantar as dúvidas e falta de conhecimento referidos pelo paciente e/ou família com relação à doença e o tratamento. - Realizar os esclarecimentos e orientações necessários ou encaminhar o paciente e/ou família a outros profissionais se for o caso.	Tem registro no impresso Evolução de Enfermagem das dúvidas e falta de conhecimentos referidos pelo paciente e família, as providências que foram adotadas e a "resposta" observada após as orientações e/ou encaminhamentos realizados.
TERAPÊUTICA	Vacinação contra hepatite B	Orientar e encaminhar ao Posto de Saúde todo paciente admitido no Serviço de Hemodiálise (se não for anti HBS Ag+) para iniciar o programa de vacinação preventiva contra hepatite B.	Tem registro na "Ficha de Controle dos Pacientes" as datas de vacinação, do próximo reforço e da orientação ministrada no impresso Evolução de Enfermagem. •Manter atualizada a "Ficha de Controle dos Pacientes" que contém dados de interesse para a equipe, sendo: – nome do paciente; – tipo de dialisador capilar utilizado; – peso seco; – dose de heparina; – vacinação p/ hepatite B; – quantidade de Kcl utilizada no dialisato (banho); – fluxo de sangue; – fluxo do dialisato; – medicações que o paciente fez uso em casa; – medicações que recebe antes/durante e/ou após a hemodiálise; – outras observações.

CONTINUAÇÃO – ANEXO 1

DEPARTAMENTO DE ENFERMAGEM – HU-USP
SERVIÇO DE HEMODIÁLISE
ROTEIRO DE CRITÉRIOS

I – RELACIONADOS AO PACIENTE

N.H.B.	PROCEDIMENTO	DESCRIÇÃO SUMÁRIA DO PROCEDIMENTO	CRITÉRIOS
REGULAÇÃO HIDROELETRO- LÍTICA	Peso	Pesar todos os pacientes antes e após a sessão de hemodiálise	Tem registro nos impressos nefro 8, 10 e Anotação de enfermagem do peso pré, pós-diálise e diferença de peso (ΔP) e no impresso Evolução de Enfermagem da análise da ΔP. Tem registro sem controle (SC) nos impressos nefro 8, 10 e Evolução de Enfermagem, caso o paciente não tenha condições de ser pesado.
REGULAÇÃO VASCULAR	Pressão arterial e pulso	Verificar PA e P com o paciente em pé antes e após a sessão de hemodiálise.	Tem registro nos impressos nefro 8 e Anotação de Enfermagem da PA e P antes e após diálise.
		Controlar PA de 1/1 hora durante todo o procedimento.	Tem registro no impresso nefro 10 da PA pré e pós-diálise.
		Se paciente hipotenso, hipertenso ou recém-admitido, verificar PA a cada 15 minutos ou conforme avaliação do enfermeiro.	Tem registro no impresso nefro 8 da PA e das intercorrências, providências executadas e os resultados obtidos durante o procedimento no impresso Evolução de Enfermagem.
		Se paciente com arritmia cardíaca, verificar P a cada hora ou conforme avaliação do enfermeiro.	Tem registro no impresso nefro 8 do P e das intercorrências, providências executadas e dos resultados obtidos durante o procedimento, no impresso Evolução de Enfermagem.

CONTINUAÇÃO – ANEXO 1

DEPARTAMENTO DE ENFERMAGEM – HU-USP
SERVIÇO DE HEMODIÁLISE
ROTEIRO DE CRITÉRIOS

I – RELACIONADOS AO PACIENTE

N.H.B.	PROCEDIMENTO	DESCRIÇÃO SUMÁRIA DO PROCEDIMENTO	CRITÉRIOS
APRENDIZAGEM	Lavagem das mãos e local da Fístula Artério Venosa (FAV)	Lavar as mãos e o local da FAV antes da sua punção para instalação da hemodiálise.	Supervisão e/ou auditoria operacional.
		Se Paciente recém-admitido no programa: orientar quanto a execução da lavagem das mãos e da FAV, acompanhando a realização destes procedimentos, verificando sua assimilação para liberação do acompanhamento.	Tem registro no impresso Evolução de Enfermagem da orientação do procedimento, acompanhamento do paciente na execução deste e a assimilação da execução para a liberação da realização deste procedimento sem acompanhamento.
SEGURANÇA	Hemodiálise em pacientes contaminados	A) Se paciente portador de Hepatite B: – Dialisar na sala de isolamento. B) Se paciente portador de Hepatite C ou HIV+: – Dialisar no salão dos crônicos desde que no último turno de funcionamento do Serviço; – Reprocessar o material utilizado por paciente portador de Hepatite C, separadamente, na sala de pacientes agudos; – Desprezar o capilar e os equipos arterio-venosos utilizados por paciente portador de HIV+. C) Se paciente renal agudo ou crônico que não fazem parte do programa de hemodiálise do HU: – dialisar na sala para pacientes renais agudos; – reprocessar o material utilizado na bancada da sala de pacientes agudos.	Supervisão e/ou auditoria operacional. Tem registro no impresso Anotação de Enfermagem da Unidade de origem: – horário da chegada no Serviço de Hemodiálise – condições de locomoção – presença do funcionário da Unidade de origem – realização do procedimento – possíveis intercorrências – horário de retorno para a Unidade de origem acompanhado por funcionário da mesma.

CONTINUAÇÃO – ANEXO 1

DEPARTAMENTO DE ENFERMAGEM – HU-USP
SERVIÇO DE HEMODIÁLISE
ROTEIRO DE CRITÉRIOS

I – RELACIONADOS AO PACIENTE

N.H.B.	PROCEDIMENTO	DESCRIÇÃO SUMÁRIA DO PROCEDIMENTO	CRITÉRIOS
TERAPÊUTICA	Punção da FAV	Realizar antissepsia do local da FAV com anti-séptico aquoso.* Puncionar FAV e fixar as agulhas com micropore.	Supervisão e/ou auditoria operacional. Tem registro no impresso Evolução de Enfermagem das alterações ou complicações ocorridas durante a punção, providências executadas e resultados obtidos.
	Coleta de Exames	Coletar amostras de sangue de todos os pacientes para exames de rotina mensal, trimestral e semestral.*	Tem registro na ficha de Controle dos pacientes, dos meses de referência para coleta dos exames. Tem registro no impresso Anotação de Enfermagem das amostras de sangue coletadas.
	Heparinização	Ministrar a dose inicial da heparina conforme indicação médica. Ministrar a segunda dose de heparina na segunda hora de hemodiálise ou a critério médico.	Tem registro no impresso Nefro 8 das doses de heparina administradas e possíveis alterações no impresso Evolução de Enfermagem.
	Instalação da hemodiálise (Hd)	Instalar a hemodiálise via FAV ou catéter de duplo lúmen observando o funcionamento da máquina para hemodiálise, dialisador, equipo artério-venoso e acessórios. Observar e relatar as reações e queixas do paciente, durante a hemodiálise.	Tem registro no impresso Evolução de Enfermagem: – reações e queixas do paciente, intercorrências relacionadas à instalação da hemodiálise (via de acesso, funcionamento da máquina, equipamentos e acessórios), providências tomadas e resultados obtidos. Tem registro no impresso Nefro 8:** – dados referentes a Sessão de hemodiálise atual; – dados referentes a Sessão de hemodiálise anterior.

* Conforme preconizado pela CCIH do HU-USP.
** Conforme preconizado pelo Ministério da Saúde.

CONTINUAÇÃO – ANEXO 1

DEPARTAMENTO DE ENFERMAGEM – HU-USP
SERVIÇO DE HEMODIÁLISE
ROTEIRO DE CRITÉRIOS

I – RELACIONADOS AO PACIENTE

N.H.B.	PROCEDIMENTO	DESCRIÇÃO SUMÁRIA DO PROCEDIMENTO	CRITÉRIOS
TERAPÊUTICA	Atendimento de pacientes com intercorrências graves (choque, embolia, parada cardiorrespiratória)	Atender no local onde se encontra e assim que possível, transferi-lo para a sala de emergência juntamente com o carro de emergência.	Tem registro no impresso de evolução de enfermagem: – tipo de ocorrência; – providências e manobras realizadas; – resultado obtido; – destino do paciente.
		Conferir e repor imediatamente o carro de emergência após o uso	Supervisão e/ou auditoria operacional.
	Desligamento da hemodiálise (Hd)	Desligar hemodiálise via FAV ou catéter de duplo lúmen. **Se FAV:** – fazer curativo oclusocompressor no local da retirada das agulhas. **Se catéter de duplo lúmen:** – realizar heparinização das vias do catéter; – trocar o curativo das pontas do catéter e no local de incisão deste.	Tem registro no impresso Evolução de Enfermagem – duração da sessão de hemodiálise; – condições físicas e emocionais do paciente após realização da hemodiálise; – orientações prestadas ao paciente e/ou familiar; – condições do local de inserção do catéter (alterações locais) ou FAV.
SEGURANÇA	Retirada do catéter duplo lúmen	Desprezar o catéter retirado.	Supervisão e/ou auditoria operacional.
	Utilização de precauções padrão	Utilizar luvas no contato com sangue e fluidos corporais de todos os pacientes. Observar cuidados com materiais perfuro cortantes.	Supervisão e/ou auditoria operacional.

70

ANEXO 2

DEPARTAMENTO DE ENFERMAGEM – HU-USP
SERVIÇO DE HEMODIÁLISE
ROTEIRO DE CRITÉRIOS

II – RELACIONADOS À EQUIPAMENTOS E MATERIAIS

N.H.B.	PROCEDIMENTO	DESCRIÇÃO SUMÁRIA DO PROCEDIMENTO	CRITÉRIOS
SEGURANÇA	Identificação do dialisador capilar e caixa plástica	Se paciente recém-admitido no programa e na substituição do dialisador capilar, identificar: **Dialisador capilar** com: - nome do usuário; - tipo (F5/ F6/F50 ou F80); priming inicial. **Caixa plástica** (utilizada para acondicionar o dialisador capilar e equipos arterial e venoso) com: - nome do usuário.	Supervisão e/ou auditoria operacional.
	Retirada da solução de Peróxido de hidrogênio do interior do dialisador capilar e equipos arterial e venoso.	Realizar a retirada da solução de Peróxido de Hidrogênio do interior do dialisador capilar e equipo arterial e venoso com soro fisiológico (SF)* sendo: - Dialisador capilar tipo F5/F6: utilizar 2000 ml de S.F.; - Dialisador capilar tipo F50/F80: utilizar 3000 ml de S.F.	Supervisão e/ou auditoria operacional.
	Montagem do dialisador capilar + equipo artério-venoso na máquina.	Montar o dialisador capilar e equipo arterial e venoso na máquina para hemodiálise observando a adaptação adequada destes, bem como o posicionamento das pinças plásticas de segurança.	Supervisão e/ou auditoria operacional.
	Limpeza externa e desinfecção da máquina para hemodiálise Fresenius 2008-E	Fazer limpeza externa da máquina com álcool a 70% e prepará-la para a diálise da tarde*. Acionar o programa de rinse (enxágüe interno) no painel de controle da máquina. Realizar após a última sessão de hemodiálise a desinfecção química e posteriormente um rinse. Limpar a máquina externamente com água e sabão e prepará-la para a hemodiálise do dia seguinte.	Supervisão e/ou auditoria operacional

* Volume estipulado após estudo realizado junto ao Serviço de Farmácia para determinação do nível residual do Peróxido de hidrogênio tratado com reagente específico, conforme preconizado pelo Ministério da Saúde.

CONTINUAÇÃO – ANEXO 2

DEPARTAMENTO DE ENFERMAGEM – HU-USP
SERVIÇO DE HEMODIÁLISE
ROTEIRO DE CRITÉRIOS

II – RELACIONADOS À EQUIPAMENTOS E MATERIAIS

N.H.B.	PROCEDIMENTO	DESCRIÇÃO SUMÁRIA DO PROCEDIMENTO	CRITÉRIOS
SEGURANÇA	Limpeza externa e desinfecção da máquina para hemodiálise Fresenius 2008-E.	Efetuar semanalmente o programa de Test, a desinfecção térmica e a passagem de vaselina nas ponteiras e orifícios das ponteiras das máquinas.	Tem registro no impresso Controle de Limpeza da data e nome do funcionário que realizou.
	Limpeza externa e desinfecção da máquina para hemodiálise Travenol RSP	Realizar a desinfecção interna com hipoclorito de sódio a 1% e água deionizada por 20 minutos, realizando posteriormente enxágüe interno com água deionizada por mais 20 minutos após sua utilização. Realizar a limpeza externa com água e sabão*.	Supervisão e/ou auditoria operacional.
	Reprocessamento dos dialisadores e equipo arterial e venoso	– Realizar a limpeza interna do dialisador capilar, equipos arterial e venoso com água deionizada e solução de Peróxido de hidrogênio (caso coágulos estejam aderidos nos equipos). – Verificar o priming (volume interno) do dialisador capilar, após a limpeza. Caso esteja adequado (diminuição menor que 20% do priming inicial) preencher todo o sistema (dialisador capilar e equipo arterial e venoso) com solução de Peróxido de hidrogênio.	Tem registro no livro Reuso dos capilares, nas colunas correspondentes, os seguintes dados: – data do reprocessamento; – tipo de dialisador capilar: F5/F6/F50 ou F80; – número de reuso; – priming verificado (em ml); – percentual do **priming**; – intercorrências durante o reprocessamento (persistência de fibrina no cata-bolhas dos equipos, comprometimento das fibras do dialisador capilar, rompimento, rachaduras); – assinatura do funcionário que realizou o reprocessamento.

* Conforme preconizado pela CCIH do HU-USP.

CONTINUAÇÃO – ANEXO 2

DEPARTAMENTO DE ENFERMAGEM – HU-USP
SERVIÇO DE HEMODIÁLISE
ROTEIRO DE CRITÉRIOS

II – RELACIONADOS À EQUIPE E MATERIAIS

N.H.B.	PROCEDIMENTO	DESCRIÇÃO SUMÁRIA DO PROCEDIMENTO	CRITÉRIOS
SEGURANÇA	Reprocessamento dos dialisadores e equipo arterial e venoso	Se paciente portador de hepatite B ou C: – Aplicar hipoclorito de sódio a 1% na superfície externa do material utilizado (dialisador capilar, equipo arterial e venoso, pinças, cálice graduado e caixa plástica).*	Tem registro nos impressos nefro 8 e 10, do número de reuso do dialisador capilar.
		– Remover o hipoclorito de sódio a 1% após dez minutos lavando o material com água e sabão.	Supervisão e/ou auditoria operacional.
		– Verificar se a identificação do dialisador capilar e da caixa plástica estão adequados. – Acondicionar o sistema na caixa plástica. Secá-la e guardá-la em local apropriado. – Desprezar e substituir o dialisador utilizado, se a diminuição do priming for maior que 20% do priming inicial (verificado antes do 1º uso do dialisador).	Tem registro no livro Reuso dos Capilares, nas colunas correspondentes, os seguintes dados: – troca do dialisador capilar com símbolo específico; – priming inicial do novo dialisador capilar; – assinatura do funcionário que realizou o procedimento.
		– Desprezar e substituir todo capilar, equipo arterial e equipo venoso após ser utilizado por 6 vezes para o mesmo paciente ou quando apresentarem alguma intercorrência. – Desprezar o isolador do condutor de pressão após cada sessão.	Tem registro no livro Reuso dos Capilares, nas colunas correspondentes, os seguintes dados: – troca do dialisador capilar com símbolo específico; – troca do equipo venoso com símbolo específico; – troca do equipo arterial com símbolo específico; – assinatura do funcionário que realizou a troca dos equipos; – supervisão e/ou auditoria operacional.

* Conforme preconizado pela CCIH do HU-USP.

CONTINUAÇÃO – ANEXO 2

DEPARTAMENTO DE ENFERMAGEM – HU-USP
SERVIÇO DE HEMODIÁLISE
ROTEIRO DE CRITÉRIOS

II – RELACIONADOS À EQUIPAMENTOS E MATERIAIS

N.H.B.	PROCEDIMENTO	DESCRIÇÃO SUMÁRIA DO PROCEDIMENTO	CRITÉRIOS
SEGURANÇA	Limpeza dos equipamentos, mobiliários e utensílios	Realizar limpeza dos equipamentos, mobiliários e utensílios conforme estabelecido no impresso de Controle das Limpezas.	Tem registro no impresso Controle de Limpeza da data e nome do funcionário que realizou.
	Localização do carro de emergência	Deixar o carro de emergência (padrão utilizado no HU) em local estratégico para facilitar o atendimento durante situações emergenciais. Limpar o carro de emergência semanalmente.	Supervisão e/ou auditoria operacional. Tem registro no impresso Controle de Limpeza da data e nome do funcionário que realizou.
	Utilização de precauções padrão	– utilizar luvas e avental na limpeza e desinfecção de equipamentos. – utilizar óculos de proteção, máscara, avental e luvas no reprocessamento dos materiais.	Supervisão e/ou auditoria operacional.

ANEXO 3

DEPARTAMENTO DE ENFERMAGEM – HU-USP
SERVIÇO DE HEMODIÁLISE
ROTEIRO DE CRITÉRIOS

III – RELACIONADOS À RECURSOS ESTRUTURAIS E HUMANOS

N.H.B.	PROCEDIMENTO	DESCRIÇÃO SUMÁRIA DO PROCEDIMENTO	CRITÉRIOS
SEGURANÇA	Vacinação contra hepatite B	Providenciar a imunização contra hepatite B de todo funcionário que trabalha no Serviço de Hemodiálise.	Supervisão e/ou auditoria operacional.
	Adequação de recursos humanos na enfermagem.	Realizar treinamento teórico-prático de todo funcionário admitido no Serviço e somente após a constatação da assimilação do treinamento será liberado para realizar as atividades sem acompanhamento.	Supervisão e/ou auditoria operacional.
		Avaliar todo funcionário aos 45 dias, 3 meses, 6 meses e anualmente após sua admissão, conforme o estabelecido pelo Serviço de Apoio Educacional do HU.	Tem registro no prontuário funcional, da avaliação realizada, arquivado no Serviço de Apoio Educacional.
		Realizar reuniões com o grupo para abordar, discutir e solucionar problemas detectados.	Tem registro na Ata de reuniões.
		Realizar abordagem individualizada em casos específicos para evitar situações de atrito e desgaste entre o grupo.	Supervisão e/ou auditoria operacional.
	Controle da qualidade da água para hemodiálise	Utilizar somente água tratada por deionização e/ou osmose reversa para abastecimento das máquinas e bancada para reprocessamento dos dialisadores capilares.	Supervisão e/ou auditoria operacional.

CONTINUAÇÃO DO ANEXO 3

DEPARTAMENTO DE ENFERMAGEM – HU-USP
SERVIÇO DE HEMODIÁLISE
ROTEIRO DE CRITÉRIOS

III – RELACIONADOS À RECURSOS ESTRUTURAIS E HUMANOS

N.H.B.	PROCEDIMENTO	DESCRIÇÃO SUMÁRIA DO PROCEDIMENTO	CRITÉRIOS
SEGURANÇA	Regeneração das resinas do Deionizador.	Observar diariamente o valor indicado pelo Resistivímetro (aparelho localizado no deionizador que indica a qualidade da água)	Tem registro no livro de Relatório de Enfermagem do valor indicado pelo resistivímetro.
		Se o Resistivímetro indicar 100 mHos: acionar o Serviço de Manutenção para que seja providenciada a regeneração das resinas do Deionizador – realizada por pessoal externo especializado, com supervisão do funcionário do Serviço de Manutenção. Obs.: O Serviço de Hemodiálise do Hospital Universitário da USP adotou como medida de segurança a indicação de 100 mHos para realização da regeneração, apesar do limite ser 80 mHos.	Tem registro no Livro de Relatório de Enfermagem da solicitação junto ao Serviço de Manutenção, para realização da regeneração.
	Troca dos filtros pós-deionizador	Observar a troca dos filtros pós-deionizadores (pelos técnicos que realizam a regeneração) quando estiverem saturados.	Supervisão e/ou auditoria operacional.
	Desinfecção do módulo de osmose reversa da máquina Fresenius 2008E	Providenciar a desinfecção química do módulo de osmose reversa a cada 6 meses (realizada por pessoal especializado com agendamento prévio).	Tem registro na ficha Controle de Equipamentos da realização da desinfecção do módulo de osmose reversa.

CONTINUAÇÃO DO ANEXO 3

DEPARTAMENTO DE ENFERMAGEM – HU-USP
SERVIÇO DE HEMODIÁLISE
ROTEIRO DE CRITÉRIOS

III – RELACIONADOS À RECURSOS ESTRUTURAIS E HUMANOS

N.H.B.	PROCEDIMENTO	DESCRIÇÃO SUMÁRIA DO PROCEDIMENTO	CRITÉRIOS
SEGURANÇA	Limpeza do reservatório d'água da sala de reuso	Realizar limpeza interna do reservatório d'água da sala de reuso mensalmente.	Checar no impresso Controle de Limpeza a data e o nome do funcionário que realizou a limpeza.
	Cultura e pesquisa físico-química da água	Providenciar mensalmente a coleta de amostras d'água para teste bacteriológico e semestralmente para cultura e pesquisa físico-química (realizada por laboratório especializado).*	Tem registro na ficha controle de Qualidade da Água a data da coleta e dos pontos pesquisados. Arquivar o resultado de cultura e pesquisa físico-química no Serviço.

* Conforme preconizado pelo Ministério da Saúde.

O Processo de
Controle de Qualidade

Sandra Andreoni
Lázara Maria Marques Ravaglio

O processo de enfermagem, como método de trabalho que possibilita a identificação das necessidades do paciente, sistematização do planejamento e implementação dos cuidados, correlacionado à missão de alcance da qualidade da assistência prestada, favorece a criação de mecanismos de controle, para a avaliação da assistência, possibilitando a documentação e visualização das ações e de seus resultados. O mecanismo de controle é desenvolvido por meio da efetivação do processo de auditoria, com a análise sistemática da assistência e com a correção de possíveis desvios.

A adoção de um referencial de enfermagem estabelece bases para o alcance da qualidade assistencial, por definir um modelo que propicia um planejamento direcionado às necessidades de cada paciente, tornando-o co-partícipe deste processo e criando parâmetros norteadores para o controle, visando o alcance da qualidade da assistência prestada. (SILVA, 1994).

O controle de qualidade de assistência consiste em assegurar ao usuário um grau de excelência de cuidados, por meio de medição e avaliação dos componentes estruturais, das metas do processo de enfermagem e dos resultados apresentados pelo usuário, seguido das alterações necessárias ao desenvolvimento da assistência de enfermagem. (CIANCIARULLO, 1997).

O processo de controle de qualidade da assistência de enfermagem do Departamento de Enfermagem (DE) do Hospital Universitário da Universidade de São Paulo (HU-USP), vem se desenvolvendo desde o início de suas atividades, fundamentado no modelo apresentado pela American Nurses Association (1976), concomitantemente à implementação do Sistema de Assistência de Enfermagem (SAE), com a definição de padrões assistenciais e a formalização do Grupo de Estudo de Padrões e Auditoria (GEPA).

O GEPA, tem como finalidade analisar e avaliar a assistência prestada à clientela do hospital, evidenciada pelas anotações no prontuário (auditoria retrospectiva) e a verificação de como se processam as ações cuidativas em cada unidade do hospital (auditoria operacional), no sentido de proporcionar subsídios para a reformulação de planos de atuação do DE.

Ao longo desses anos, vários enfermeiros do HU-USP e docentes da Escola de Enfermagem da Universidade de São Paulo (EEUSP), tiveram oportunidade de participar do grupo, dando origem a monografia de mestrado OLIVEIRA (1982), tese de livre docência CIANCIARULLO (1988) e tese de doutoramento SILVA

(1994), contribuindo de forma efetiva na evolução e avaliação do processo de controle de qualidade da assistência de enfermagem do DE do HU-USP.

Em 1995, após seqüenciada revisão do processo vigente desde 1981, o GEPA iniciou um período de restruturação, paralelamente à continuidade dos trabalhos, quando procurou-se envolver ainda mais o grupo de enfermeiros, sensibilizando-os quanto à importância do processo de controle de qualidade por meio da auditoria. Realizou-se treinamento dos membros inscritos no grupo, no sentido de capacitá-los, visando a homogeneização da análise dos dados dos prontuários e utilização dos instrumentos existentes.

Durante esse processo o Regimento Interno foi revisto sendo incor-poradas e aprovadas as novas sugestões em setembro de 1995.

Dando prosseguimento aos trabalhos de auditoria, sentiu-se a necessidade de atualizar e elaborar novos padrões e critérios de qualidade da assistência nas unidades. Para tanto foram mobilizados os enfermeiros assistenciais que, junto com o GEPA, passaram por um processo de discussão, revisão e reelaboração dos mesmos.

Em 1996, a partir da definição dos critérios, foram realizadas alterações nos instrumentos de auditoria retrospectiva, assim como elaborados instrumentos da auditoria operacional, visando a implantação progressiva deste método de avaliação em todas as unidades do DE, em 1997.

Todo este processo serviu também de estímulo para os enfermeiros do HU que, neste sentido, produziram diversos trabalhos científicos, apresentados no (48º Congresso Brasileiro de Enfermagem, e em outros eventos).

Na unidade de Hemodiálise do HU, este processo teve início após a sedi-mentação dos processos assistenciais e tecnológicos no cotidiano da equipe de enfermagem.

AUDITORIA NA UNIDADE DE HEMODIÁLISE

A auditoria é realizada de duas formas, definidas como: **Auditoria Retros-pectiva**, caracterizada pela análise da relação entre os critérios estabelecidos e os dados encontrados na revisão de prontuários, após a alta do paciente, e a **Auditoria Operacional**, que consiste na verificação "in loco" de como se processa a assistência de enfermagem prestada ao paciente relacionando os critérios estabelecidos pela Unidade com a execução de procedimentos e a estrutura do processo vigente (o que, como e quem executou).

A auditoria deste processo consiste em verificar o nível de observância aos padrões, por meio dos critérios assistenciais estabelecidos para o paciente, de acordo com a unidade de internação, em vários momentos da trajetória do paciente e uma análise dos processos de trabalho envolvidos nessa trajetória, para correção de eventuais desvios (SILVA, 1994). No contexto deste trabalho esta definição amplia-se incorporando os critérios de estrutura e resultados.

Para a adequação de instrumentos necessários à implantação do processo, foram discutidas e analisadas as especificidades dos pacientes renais crônicos, conforme detalharemos a seguir.

RETROSPECTIVA

O paciente renal crônico permanece em tratamento por um longo período, submetido a contínuas sessões de hemodiálise. Estes períodos prolongam-se por meses e anos, definindo a realização da auditoria retrospectiva em moldes diferenciados das demais unidades, onde os pacientes têm uma média de permanência caracterizada por dias de internação. Devido a esta característica específica, o GEPA decidiu estabelecer critérios diferenciados das unidades de internação objetivando obter um conjunto de dados que permitissem visualizar e analisar a trajetória dos pacientes inscritos no programa.

Foram estabelecidos os seguintes critérios de seleção mensal de prontuários:

- um prontuário, entre todos os pacientes em tratamento, onde será processada a análise de todas as sessões do mês.
- um prontuário, entre todos os pacientes admitidos no programa naquele mês, para análise específica da evolução de entrada e sessões subseqüentes realizadas no mês.
- um prontuário, entre todos os pacientes que receberam alta por transferência, transplante ou óbitos no mês de referência, para análise do processo de admissão, das três primeiras sessões, das quatro sessões correspondentes ao período mediano do tratamento e das quatro últimas sessões.

Estabelecido o processo de seleção dos prontuários a auditar, os nomes sorteados são repassados ao auditor indicado (lotado em outra unidade) para a hemodiálise. Há que se destacar, que devido às peculiaridades do programa que comporta vinte pacientes, pode ocorrer a ausência de processo de admissão e/ou alta no mês referência, determinando algumas vezes a existência de apenas um prontuário para análise.

Cada prontuário gera um conjunto de dados caracterizado por itens, constituindo áreas específicas de análise, apresentados a seguir:

Área I – Levantamento de Dados

Objetiva a verificação da identificação presente em todos os impressos utilizados e registros de exame físico e entrevista, com levantamento de problemas biopsicosocioespirituais do paciente. (itens 1 e 2)

Área II – Evolução de Enfermagem

Refere-se à análise de cada uma das evoluções, face aos problemas levantados pelo enfermeiro, os encontrados pelo auditor, os resultados das condutas e o levantamento de novos problemas. (itens 3, 4, 5 e 6)

Área III – Anotação de Enfermagem

Visa a verificação das anotações realizadas por toda a equipe de enfermagem e sua correspondência com a evolução de enfermagem, ações cuidativas e possíveis intercorrências. (item 7)

81

Área IV – Execução de Prescrição

Refere-se à verificação das prescrições, das respectivas rubricas e anotações, indicando a realização ou não do cuidado prescrito. (item 8)

Área V – Procedimentos de Enfermagem

Objetiva a verificação de peso, freqüência cardíaca, pressão arterial e registro de procedimentos executados. (itens 9, 10, 11 e 12)

Área VI – Condições de Alta

Caracteriza a verificação do registro das condições físicas e emocionais do paciente, motivo do desligamento do programa. (item 13)

O auditor busca compatibilizar, por meio de sua análise e julgamento, o item especificado no instrumento de análise, com os achados do prontuário e determina o valor para o resultado, definido como de 0, 1, 2 e 3, sendo o 0 considerado não pertinente; o 1 quando não encontrado; o 2 quando é incompleto e o 3 quando completo. Estes valores anotados no impresso **Instrumento Específico de Análise da Assistência de Enfermagem**, são processados, gerando indicadores de alcance de cada um dos critérios, que deverá se situar pelo menos nos seguintes níveis: pelo menos 80% de valor 3, no máximo 15% de valor 2 e 5% de valor 1; objetivando-se como meta, no entanto, 100% de indicadores dc valor 3, tanto para cada um dos itens, quanto para cada uma das áreas.

O conjunto desses dados gera um relatório onde são destacados os itens que alcançaram o nível de excelência e aqueles que foram considerados insuficientes. Também têm destaque as observações que os auditores documentaram nos instrumentos de análise e que foram considerados importantes pontos de referência para subsidiar um redimensionamento do processo cuidativo e educativo.

A análise dos dados levantados por meio destes instrumentos oferece, quando visualizados item por item, os níveis de alcance dos critérios estabelecidos, e quando visualizados área por área, uma visão da atuação dos diferentes grupos profissionais. Correspondendo as áreas I (levantamento de dados), II (evolução de enfermagem) e VI (condições de alta) à atuação dos enfermeiros e partes III (anotação de enfermagem), IV (execução de prescrição) e V (procedimentos de enfermagem) à atuação dos demais profissionais da equipe.

Os prontuários analisados devem ter seus indicadores prontos até a segunda semana do mês subseqüente, de forma a subsidiar a avaliação da assistência de enfermagem prestada no mês anterior.

Os relatórios são encaminhados à unidade, aos Diretores de Divisão e Departamento, ao Serviço de Educação Continuada, passando a ser objeto de discussão entre os auditores, os enfermeiros da unidade auditada e respectivas chefias, visando o esclarecimento dos critérios utilizados pelos auditores e a reconceituação do dimensionamento dos processos de educação continuada e controle em nível assistencial na própria unidade auditada.

A visualização do hospital como um todo pode ser obtida comparando-se e correlacionando-se as partes específicas de todas as unidades entre si.

OPERACIONAL

Em fase ainda de implantação no HU-USP, teve seu instrumento elaborado, conforme critérios estabelecidos pela unidade e discutidos no capítulo 6.

A auditoria operacional é programada pelo GEPA sem divulgação do dia aprazado, objetivando o levantamento de dados referentes a procedimentos específicos. Em se tratando de procedimentos comuns a outras unidades, esta programação pode ser feita para todas as unidades, durante um mesmo período, possibilitando assim a visualização de cada uma delas e do hospital como um todo.

A elaboração do instrumento foi realizada por iniciativa do GEPA, com a colaboração dos enfermeiros da unidade. Considerou-se os aspectos específicos da unidade e aqueles que integram o contingente dos processos de trabalho de todas as unidades do HU.

O instrumento é composto por áreas cujos itens abrangem procedimentos relacionados ao paciente, aos equipamentos e materiais, aos recursos estruturais e humanos, que para facilitar a operacionalização da auditoria foram agrupados seqüencialmente, visando agilizar a observação e conseqüente análise.

Área I – Relacionados ao Paciente

Os itens 01 a 13 compõem esta área, abrangendo indicadores do Ministério da Saúde (itens 6, 7, 8 e 9), complementados por indicadores estabelecidos pelo HU-USP, que favorecem a verificação das expectativas e ansiedades dos pacientes, possibilitando a humanização e segurança no atendimento. Ressaltamos que os itens de 10 a 13 demonstram os resultados da introdução do paciente no programa, medindo a interação do paciente com a equipe, a atenção da enfermagem aos modos de reação do paciente e da humanização de um processo altamente tecnológico.

Área II – Relacionados aos Procedimentos

Os itens 14, 15, 16 e 17 que compõem esta área, são procedimentos inerentes à assistência, sendo indicadores necessários para manutenção da via de acesso.

Área III – Relacionados à Precauções Padrão

Os itens 18, 19, 20 e 21 que compõem esta área são medidas univer-sais de proteção necessárias à prática assistencial, sendo indicadores propostos pelo Ministério da Saúde.

Área IV – Relacionados às Anotações e Registros

Os itens 22, 23, 24, 25, 26 e 27 que compõem esta área, são os recomendados pelo Ministério da Saúde visando o acompanhamento da qualidade da água, regeneração das resinas, tendo em vista a segurança do atendimento ao paciente.

Área V – Relacionados à Equipamentos e Materiais

Os itens de 28 a 43 compõem esta área, sendo que os itens 33, 34, 35, 38 e 39 são preconizados pelo Ministério da Saúde e referem-se à limpeza e reprocessamento normatizando a utilização de capilares, acrescidos dos itens 36, 40 e 41, referentes à limpeza das máquinas conforme normas estabelecidas pela Comissão de Infecção Hospitalar (CCIH) do HU-USP e dos itens 42 e 43 referentes à limpeza interna das máquinas de acordo com o manual do fabricante.

Área VI – Relacionados à Recursos Humanos

Os itens 44, 45, 46 e 47 compõem esta área e contemplam as determinações do Ministério da Saúde, sendo acrescidos de indicadores considerados necessários para manutenção da qualidade da assistência.

Para construção deste instrumento foram identificados os principais passos dos processos realizados em pacientes submetidos a hemodiálise, objetivando criar indicadores capazes de detectar os pontos vulneráveis do processo cuidativo como um todo; garantir a segurança na execução dos procedimentos assistenciais; humanizar e individualizar a assistência de enfermagem prestada.

A análise dos resultados obtidos por meio da auditoria operacional gera um relatório obedecendo os mesmos passos descritos na auditoria retrospectiva, complementando-a e possibilitando visualizar de forma global a assistência de enfermagem prestada aos pacientes em programa de hemodiálise.

REFERÊNCIAS BIBLIOGRÁFICAS

AMERICAN NURSES ASSOCIATION. *Assurance work*. Kansas City, 1976 (Pub. ANA-NP-55).

CIANCIARULLO, T. I. *Análise retrospectiva da qualidade da assistência de enfermagem em um hospital universitário*. São Paulo, 1988. 243 p. Tese (Livre Docência) – Escola de Enfermagem, Universidade de São Paulo.

CIANCIARULLO, T. I. *C & Q*: Teoria e prática em auditoria de cuidados. São Paulo, Ícone, 1997.

OLIVEIRA, S da S. G. de.*Auditoria de enfermagem*: uma experiência em um hospital universitário. São Paulo, 1982. 95p. Dissertação (Mestrado) – Escola de Enfermagem, Universidade de São Paulo.

SILVA, S. H.*Controle da qualidade assistencial de enfermagem*: Implementação de um modelo. São Paulo, 1994. 182p. Tese (Doutorado) – Escola de Enfermagem, Universidade de São Paulo.

hospital universitário
universidade de são paulo

INSTRUMENTO ESPECÍFICO DE ANÁLISE DA ASSISTÊNCIA DE ENFERMAGEM
HEMODIÁLISE
AUDITORIA DE ENFERMAGEM RETROSPECTIVA

PACIENTE: RH: SEXO: IDADE:
DATA DE ADMISSÃO: / /   DATA DE SAÍDA: / /   No DE DIAS ANALISADOS:
CLÍNICA AUDITADA: AUDITOR: COREN: CLÍNICA DO AUDITOR:

I. LEVANTAMENTO DE DADOS

CLASSIFICAÇÃO	SIM	INCOMPLETO	NÃO	NP	%	OBSERVAÇÃO
1 - TEM IDENTIFICAÇÃO EM TODOS OS IMPRESSOS AUDITADOS DO PRONTUÁRIO.						
2 - TEM REGISTRO DA ENTREVISTA E EXAME FÍSICO DE ENTRADA (EVOLUÇÃO) REALIZADOS POR ENFERMEIRO (1ª SESSÃO).						

II. EVOLUÇOES DE ENFERMAGEM

DATA DOS DIAS DAS SESSÕES												OBS.
3 - HÁ UMA EVOLUÇÃO DA SESSÃO COM DATA, HORÁRIO, ASSINATURA E COREN.												
4 - EVOLUÇÃO DA SESSÃO POSSIBILITA VISÃO GERAL DAS CONDIÇÕES DO PACIENTE.												
5 - EXISTE INDICAÇÃO, NA EVOLUÇÃO DE ENFERMAGEM, DE INTERCORRÊNCIA GRAVE DURANTE A SESSÃO, QUANDO HOUVER INTERCORRÊNCIA NA EVOLUÇÃO INTERIOR.												
6 - EXISTE UMA EVOLUÇÃO DE ENFERMAGEM QUANDO PRESENTE ALGUMA ALTERAÇÃO NAS CONDIÇÕES GERAIS DO PACIENTE DURANTE A SESSÃO												

III - ANOTAÇÕES DE ENFERMAGEM

7 - HÁ PELO MENOS UMA ANOTAÇÃO DESCRITIVA EM CADA SESSÃO COM DATA, HORÁRIO, ASSINATURA E FUNÇÃO												

IV - EXECUÇÃO DE PRESCRIÇÕES MÉDICAS

8 - MEDICAÇÃO CHECADA, RUBRICADA OU CIRCULADA E JUSTIFICADA												

V - PROCEDIMENTOS DE ENFERMAGEM

DATA DOS DIAS DAS SESSÕES												
09 - CONTROLE DE PA DURANTE A SESSÃO												
11 - CONTROLE DE PESO INICIAL E FINAL												
10 - CONTROLE DE PA E FC INICIAL E FINAL												
12 - EXISTE DESCRIÇÃO DOS PROCEDIMENTOS EXECUTADOS												

CLASSIFICAÇÃO	SIM	INCOMPLETO	NÃO	NP	%	OBSERVAÇÃO

VI - CONDIÇÕES DE ALTA

13 - EVOLUÇÃO DE SAÍDA DE CADA SESSÃO INDICA AS CONDIÇÕES FÍSICAS E EMOCIONAIS DO PACIENTE						

INSTRUÇÕES E CRITÉRIOS PARA PREENCHIMENTO DO INSTRUMENTO ESPECÍFICO DE HEMODIÁLISE AUDITORIA DE ENFERMAGEM RETROSPECTIVA

ÁREAS COMPONENTES	CRITÉRIOS ADOTADOS
I – LEVANTAMENTO DE DADOS	
1. TEM IDENTIFICAÇÃO EM TODOS OS IMPRESSOS AUDITADOS DO PRONTUÁRIO	IMPRESSO: **TODOS OS UTILIZADOS PELA ENFERMAGEM** VERIFICAR SE TODOS OS IMPRESSOS UTILIZADOS PELA ENFERMAGEM TÊM IDENTIFICAÇÃO COM NOME COMPLETO E NÚMERO DE ATENDIMENTO. DO TOTAL DOS IMPRESSOS VERIFICADOS, CALCULAR A PORCENTAGEM E CLASSIFICAR: SIM = 80 A 100% (VALOR 3) INCOMPLETO = 50 A 79% (VALOR 2) NÃO = ABAIXO DE 50% (VALOR 1)
2. TEM REGISTRO DA ENTREVISTA E EXAME FÍSICO DE ENTRADA (EVOLUÇÃO) REALIZADOS POR ENFERMEIRO	IMPRESSO: **EVOLUÇÃO DE ENFERMAGEM** VERIFICAR SE A EVOLUÇÃO DE ENTRADA NO PROGRAMA OBEDECE AOS CRITÉRIOS ESTABELECIDOS PELA UNIDADE, RETRATANDO RESUMIDAMENTE OS DADOS LEVANTADOS NA ENTREVISTA E EXAME FÍSICO. A) ORIGEM. B) DIAGNÓSTICO. C) CONDIÇÕES FÍSICAS (RESUMO EXAME FÍSICO) D) CONDIÇÕES EMOCIONAIS E) ADEQUAÇÃO DA ALIMENTAÇÃO E HIDRATAÇÃO. F) ELIMINAÇÕES G) CONHECIMENTO DA DOENÇA E TRATAMENTO H) SOROLOGIA HEPATITE E HIV I) VACINAÇÃO E INSCRIÇÃO EM PROGRAMA DE TRANSPLANTE. J) DÚVIDAS REFERIDAS PELO PACIENTE/ FAMÍLIA. K) ORIENTAÇÕES MINISTRADAS. SIM = 09 A 11 ITENS PRESENTES (VALOR 3) INCOMPLETO = 06 A 08 ITENS PRESENTES (VALOR 2) NÃO = ABAIXO DE 6 ITENS (VALOR 1) NÃO PERTINENTE = SE PACIENTE NÃO FOR RECÉM-ADMITIDO (VALOR 0)

INSTRUÇÕES E CRITÉRIOS PARA PREENCHIMENTO DO INSTRUMENTO ESPECÍFICO DE HEMODIÁLISE AUDITORIA DE ENFERMAGEM RETROSPECTIVA

ÁREAS COMPONENTES	CRITÉRIOS ADOTADOS
II – EVOLUÇÕES DE ENFERMAGEM	
3. HÁ UMA EVOLUÇÃO DA SESSÃO COM DATA, HORÁRIO, ASSINATURA E COREN	IMPRESSO: **EVOLUÇÃO DE ENFERMAGEM** CONSIDERAR APENAS AS EVOLUÇÕES A PARTIR DA 2ª SESSÃO SIM = 3 A 4 ITENS PRESENTES (VALOR 3) INCOMPLETO = 2 ITENS PRESENTES (VALOR 2) NÃO = ABAIXO DE 2 ITENS (VALOR 1)
4. EVOLUÇÃO DA SESSÃO POSSIBILITA VISÃO GERAL DAS CONDIÇÕES DO PACIENTE	IMPRESSO: **EVOLUÇÃO DE ENFERMAGEM** CONSIDERAR SE AS EVOLUÇÕES OBEDECEM AOS CRITÉRIOS ESTABELECIDOS PELA UNIDADE A) NÚMERO DA SESSÃO B) CONDIÇÕES FÍSICAS C) CONDIÇÕES EMOCIONAIS D) REFERÊNCIAS DO PACIENTE INTERSESSÕES E) CONDIÇÃO DA FÍSTULA F) ANÁLISE DE ΔP, FC, PA (PARÂMETROS) G) DURAÇÃO DA SESSÃO H) INTERCORRÊNCIAS, PROVIDÊNCIAS TOMADAS E RESULTADOS OBTIDOS NOTA: DESCONSIDERAR O ITEM H SE PACIENTE NÃO APRESENTAR INTERCORRÊNCIA SIM = 06 A 08 ITENS PRESENTES (VALOR 3) INCOMPLETO = 04 A 05 ITENS PRESENTES (VALOR 2) NÃO = ABAIXO DE 4 ITENS (VALOR 1) SE PACIENTE ADMITIDO NO PROGRAMA RECENTEMENTE I) ORIENTAÇÕES MINISTRADAS J) VERIFICAÇÃO DA ASSIMILAÇÃO DAS ORIENTAÇÕES ANTERIORES SIM = 08 A 10 ITENS PRESENTES (VALOR 3) INCOMPLETO = 05 A 07 ITENS PRESENTES (VALOR 2) NÃO = ABAIXO DE 5 ITENS (VALOR 1)

INSTRUÇÕES E CRITÉRIOS PARA PREENCHIMENTO DO INSTRUMENTO ESPECÍFICO DE HEMODIÁLISE AUDITORIA DE ENFERMAGEM RETROSPECTIVA

ÁREAS COMPONENTES	CRITÉRIOS ADOTADOS
II – EVOLUÇÕES DE ENFERMAGEM	
5. EXISTE INDICAÇÃO, NA EVOLUÇÃO, DE INTERCORRÊNCIA GRAVE DURANTE A SESSÃO	IMPRESSO: **EVOLUÇÃO DE ENFERMAGEM / ANOTAÇÃO DE ENFERMAGEM** VERIFICAR SE HOUVE OCORRÊNCIA GRAVE (CHOQUE, PARADA...) EXIGINDO CONDUTAS FORA DA ROTINA DA UNIDADE SIM = SE HOUVER INTERCORRÊNCIA (VALOR 3) NÃO = SE REGISTRO DE INTERCORRÊNCIAS EM OUTRO IMPRESSO NÃO PERTINENTE = SE NÃO HOUVER INTERCORRÊNCIA (VALOR 0)
6. EVOLUÇÃO DESCREVE COMPARATIVAMENTE AS CONDIÇÕES E OS RESULTADOS DOS CUIDADOS PRESTADOS QUANDO HOUVER INTERCORRÊNCIA NA SESSÃO ANTERIOR	IMPRESSO: **EVOLUÇÃO DE ENFERMAGEM / ANOTAÇÃO DE ENFERMAGEM** ANALISAR A EVOLUÇÃO, ANOTAÇÕES DE ENFERMAGEM E AS CONDIÇÕES GERAIS DO PACIENTE NA SESSÃO ANTERIOR E VERIFICAR SE A EVOLUÇÃO DA SESSÃO SUBSEQÜENTE CARACTERIZA ALGUM TIPO DE RESULTADO SIM = CARACTERIZAM ALGUM TIPO DE RESULTADO (VALOR 3) NÃO = NÃO CARACTERIZAM ALGUM TIPO DE RESULTADO (VALOR 1) NÃO PERTINENTE = QUANDO PACIENTE NÃO APRESENTOU INTERCORRÊNCIA. (VALOR 0).
III – ANOTAÇÕES DE ENFERMAGEM	
7. HÁ PELO MENOS UMA ANOTAÇÃO DESCRITA EM CADA SESSÃO COM DATA, HORÁRIO, ASSINATURA E FUNÇÃO.	IMPRESSO: **ANOTAÇÃO DE ENFERMAGEM** SIM = 3 A 4 ITENS PRESENTES (VALOR 3) INCOMPLETO = 2 ITENS PRESENTES (VALOR 2) NÃO = ABAIXO DE 2 ITENS (VALOR 1)
IV – EXECUÇÃO DE PRESCRIÇÕES MÉDICAS	
8. MEDICAÇÃO CHECADA, RUBRICADA OU CIRCULADA E JUSTIFICADA	IMPRESSO: **NEFRO 8/ANOTAÇÃO DE ENFERMAGEM** VERIFICAR SE TODOS OS HORÁRIOS ESTABELECIDOS FORAM CHECADOS, RUBRICADOS OU CIRCULADOS E JUSTIFICADOS. SIM = 80 A 100% DAS MEDICAÇÕES FORAM CHECADAS, RUBRICADAS OU CIRCULADAS E JUSTIFICADAS (VALOR 3) INCOMPLETO = 50 A 79% (VALOR 2) NÃO = ABAIXO DE 50% (VALOR 1) NÃO PERTINENTE = QUANDO NÃO HOUVER MEDICAÇÃO PRESCRITA (VALOR 0) NOTA: A JUSTIFICATIVA DA MEDICAÇÃO CIRCULADA DEVE ESTAR REGISTRADA NA ANOTAÇÃO DE ENFERMAGEM OU ESCRITO "SUSPENSO" AO LADO DOS HORÁRIOS ESTABELECIDOS.

INSTRUÇÕES E CRITÉRIOS PARA PREENCHIMENTO DO INSTRUMENTO ESPECÍFICO DE HEMODIÁLISE AUDITORIA DE ENFERMAGEM RETROSPECTIVA

ÁREAS COMPONENTES	CRITÉRIOS ADOTADOS
V – PROCEDIMENTOS DE ENFERMAGEM	
9. CONTROLE DE PA DURANTE A SESSÃO	**IMPRESSO: NEFRO 8** VERIFICAR SE EXISTE REGISTRO DE PA PELO MENOS DE 1/1 HORA DURANTE A SESSÃO DO TOTAL DE PA VERIFICADO DURANTE O TEMPO DE HEMODIÁLISE CALCULAR A PORCENTAGEM E CLASSIFICAR SIM = 80 A 100% PRESENTES (VALOR 3) INCOMPLETO = 50 A 79% PRESENTES (VALOR 2) NÃO = ABAIXO DE 50% (VALOR 1)
10. CONTROLES DE FC E PA NA SESSÃO	IMPRESSO: **ANOTAÇÃO DE ENFERMAGEM / NEFRO 8 / NEFRO 10** VERIFICAR SE EXISTE REGISTRO DE PA E FC ANTES E APÓS A SESSÃO DE HEMODIÁLISE SIM = SE HOUVER OS QUATRO REGISTROS (VALOR 3) NÃO = SE NÃO HOUVER OS QUATRO REGISTROS (VALOR 1)
11. CONTROLE DE PESO	IMPRESSO: **ANOTAÇÃO DE ENFERMAGEM / NEFRO 8 / NEFRO 10** VERIFICAR SE EXISTE REGISTRO DE PESO ANTES E APÓS A SESSÃO DE HEMODIÁLISE SIM = QUANDO HOUVER DOIS REGISTROS OU ANOTAÇÃO DE PACIENTE SEM CONDIÇÕES DE CONTROLE (VALOR 3) NÃO = QUANDO NÃO HOUVER DOIS REGISTROS (VALOR 1)
12. EXISTE DESCRIÇÃO DOS PROCEDIMENTOS EXECUTADOS	IMPRESSO: **ANOTAÇÃO DE ENFERMAGEM** VERIFICAR SE AS ANOTAÇÕES DE ENFERMAGEM DA SESSÃO CORRESPONDENTE CARACTERIZAM PROCEDIMENTOS EXECUTADOS SIM = CARACTERIZAM ALGUM PROCEDIMENTO (VALOR 3) NÃO = NÃO CARACTERIZAM PROCEDIMENTOS (VALOR 1)

INSTRUÇÕES E CRITÉRIOS PARA PREENCHIMENTO DO INSTRUMENTO ESPECÍFICO DE HEMODIÁLISE AUDITORIA DE ENFERMAGEM RETROSPECTIVA

ÁREAS COMPONENTES	CRITÉRIOS ADOTADOS
VI – CONDIÇÕES DE ALTA	
13. EVOLUÇÃO DE ALTA DO PROGRAMA INDICA AS CONDIÇÕES GERAIS DO PACIENTE	IMPRESSO: **EVOLUÇÃO DE ENFERMAGEM** VERIFICAR SE NA EVOLUÇÃO DE ENFERMAGEM DE ALTA OBEDECE AOS CRITÉRIOS ESTABELECIDOS PELA UNIDADE A) CONDIÇÕES FÍSICAS B) CONDIÇÕES EMOCIONAIS C) ORIENTAÇÕES MINISTRADAS D) MOTIVO DO DESLIGAMENTO DO PROGRAMA E) DESTINO SIM = 4 A 5 ITENS PRESENTES (VALOR 3) INCOMPLETO = 3 ITENS PRESENTES (VALOR 2) NÃO = ABAIXO DE 2 ITENS (VALOR 1) NÃO PERTINENTE = SE PACIENTE EM TRATAMENTO OU ALTA POR ÓBITO (VALOR 0)

INSTRUMENTO ESPECÍFICO DE ANÁLISE DA ASSISTÊNCIA DE ENFERMAGEM
AUDITORIA OPERACIONAL – HEMODIÁLISE

Data da auditoria: Mês: Hora (início e término):

Auditor: COREN: Clínica do auditor:

PROCEDIMENTOS E DESCRIÇÃO	SIM	NÃO	NP	OBSERVAÇÕES
I - RELACIONADOS AO PACIENTE				
ADMISSÃO DO PACIENTE 1. Apresentação da área física.				
2. Apresentação aos pacientes.				
3. Apresentação da equipe.				
4. Orientação das rotinas do setor.				
PRIMEIRA SESSÃO DE HEMODIÁLISE 5. Orientação e supervisão da lavagem das mãos e da fístula.				
6. Se paciente HBS Ag – verificar se recebeu vacina ou orientação pertinente.				
LOCALIZAÇÃO DO PACIENTE 7. Hepatite B – isolamento.				
8. Hepatite C ou HIV+ – último turno.				
9. Pacientes não inscritos no programa – sala de renais agudos.				
INTERAÇÃO COM O PACIENTE 10. Equipe refere-se ao paciente pelo nome.				
11. Paciente refere-se aos membros de equipe pelo nome.				
12. São providas medidas de conforto ao paciente.				
13. Existe comunicação não verbal entre o paciente e membros da equipe.				
II - RELACIONADOS AOS PROCEDIMENTOS				
PUNÇÃO DA FAV 14. Antissepsia local antes da punção.				
15. Fixação com micropore.				
DESLIGAMENTO DA HEMODIÁLISE 16. FAV – curativo compressivo no local.				
17. Cateter – heparinizar e trocar curativo.				
III - RELACIONADOS ÀS PRECAUÇÕES PADRÃO				
PRECAUÇÕES PADRÃO 18. Utilização de luvas em todos os procedimentos.				
19. Cuidados com pérfuro-cortantes.				
20. Uso de luvas e avental na limpeza e desinfecção de equipamentos.				
21. Uso de óculos, máscara, avental e luvas no reprocessamento de materiais.				
IV – RELACIONADOS A ANOTAÇÕES E REGISTROS				
REGENERAÇÃO RESINAS DEIONISADOR 22. Registro diário do valor do resistivímetro.				
23. Registro da regeneração, se resistivímetro indicar 100 mHos				

PROCEDIMENTOS E DESCRIÇÃO	SIM	NÃO	NP	OBSERVAÇÕES
MÓDULO DE OSMOSE REVERSA 24. Desinfecção química semestral documentada.				
RESERVATÓRIO DE ÁGUA 25. Limpeza interna mensal documentada.				
CONTROLE DE QUALIDADE DA ÁGUA 26. Teste bacteriológico mensal documentado.				
27. Cultura e pesquisa físico-química semestral documentada.				
V - RELACIONADOS AOS EQUIPAMENTOS E MATERIAIS				
CARRO DE EMERGÊNCIA 28. Limpeza semanal.				
IDENTIFICAÇÃO DO MATERIAL 29. Caixa plástica (contendo capilar e equipo) com nome do usuário.				
30. Capilar com nome do usuário, tipo e priming inicial.				
MONTAGEM DO SISTEMA NA MÁQUINA 31. Verificação do encaixe dos equipos.				
32. Verificação da posição das pinças de segurança: na extensão do infusor do sensor arterial (equipo arterial) e na extensão "cata-bolhas" (equipo venoso).				
REPROCESSAMENTO DOS SISTEMAS 33. Limpeza interna com água deionizada e peróxido de hidrogênio (se tiver coágulos no equipo).				
34. Verificação do priming após a limpeza.				
35. Verificação do preenchimento com solução de peróxido de hidrogênio.				
36. Se usado em paciente portador de hepatite, aplicação de hipoclorito a 1% na superfície do material e lavagem com água e sabão após 10 minutos.				
37. O sistema está em caixa plástica, seca e guardada em local apropriado.				
38. Não existe dialisador com o priming maior que 20% do inicial.				
39. Não há nenhum capilar com mais de seis usos.				
LIMPEZA EXTERNA DAS MÁQUINAS 40. Entre os turnos, com álcool a 70%.				
41. Após o último turno, com água e sabão.				
LIMPEZA INTERNA DAS MÁQUINAS 42. Máquina à proporção, desinfecção química e rinse após a última sessão, rinse entre as sessões.				
43. Máquina tipo Tanque-RSP, desinfecção com hipoclorito a 1% e água deionizada por 20 minutos e enxagar com água deionizada por mais 20 minutos, após o uso.				
VI – RELACIONADOS AOS RECURSOS HUMANOS				
VACINAÇÃO CONTRA HEPATITE B 44. Todos os funcionários do setor são vacinados.				
CARACTERIZAÇÃO DAS RESPONSABILIDADES 45. Enfermeiros são responsáveis pelos pacientes graves.				
46. Demais funcionários têm escala documentada.				
47. Médico está presente.				

INSTRUÇÕES E CRITÉRIOS PARA PREENCHIMENTO DO INSTRUMENTO
AUDITORIA OPERACIONAL – HEMODIÁLISE

I – RELACIONADOS AO PACIENTE

ADMISSÃO DO PACIENTE

1. APRESENTAÇÃO DA ÁREA FÍSICA

Verificar se o paciente localiza:
a) Pias para lavagem da fístula
b) Balança
c) Sanitário
d) Máquina que utiliza

SIM = 3 a 4 itens - valor 3
INCOMPLETO = 2 itens presentes - valor 2
NÃO = abaixo de 2 itens - valor 1

2. APRESENTAÇÃO DOS PACIENTES

Verificar se o paciente conhece pelo menos um outro paciente pelo nome.

SIM = valor 3
NÃO = não conhece - valor 1

3. APRESENTAÇÃO DA EQUIPE

Verificar se o paciente conhece um enfermeiro e um técnico pelo nome.

SIM = valor 3
NÃO = valor 1

4. ORIENTAÇÃO DAS ROTINAS DO SETOR

Verificar se o paciente sabe:
a) Horário e dias da semana a comparecer
b) Presença de acompanhante
c) O que trazer para se distrair

SIM = 3 ITENS PREENTES (VALOR 3)
NÃO = ABAIXO DE 3 ITENS (VALOR 1)

PRIMEIRA SESSÃO DE HEMODIÁLISE

5. ORIENTAR/SUPERVISIONAR A LAVAGEM DAS MÃOS E FÍSTULA

Verificar se o paciente cumpre a seqüência:

a) Lavar ambas as mãos, com ênfase nos vãos dos dedos e enxaguar.
b) Repetir a operação na mão, estendendo-se em direção à fístula, enxaguar e secar com papel toalha.

SIM = 30 ITENS PRESENTES (VALOR 3)
NÃO = ABAIXO DE 3 ITENS (VALOR 1)

6. VERIFICAR SE O PACIENTE NÃO HBSAG+. RECEBE VACINA OU ORIENTAÇÃO PERTINENTE

Perguntar ao paciente se recebeu vacina e/ou orientação

SIM = Valor 3
NÃO = Valor 1

INSTRUÇÕES E CRITÉRIOS PARA PREENCHIMENTO DO INSTRUMENTO
AUDITORIA OPERACIONAL – HEMODIÁLISE

LOCALIZAÇÃO DO PACIENTE

7. HEPATITE B – ISOLAMENTO	Verificar se o paciente com hepatite B está no local adequado SIM = Valor 3 NÃO = Valor 1
8. HEPATITE C OU HIV+ ÚLTIMO TURNO	Verificar se o paciente com hepatite C ou HIV+ está sendo dialisado no último turno SIM = Valor 3 NÃO = Valor 1
9. PACIENTES NÃO INSCRITOS NO PROGRAMA – SALA DE RENAIS AGUDOS	Verificar se os pacientes não inscritos no programa estão sendo dialisados na sala de renais agudos SIM = Valor 3 NÃO = Valor 1

INTERAÇÃO COM PACIENTE

10. EQUIPE REFERE-SE AO PACIENTE PELO NOME	Observar se durante o atendimento a equipe se refere ao paciente pelo nome SIM = Valor 3 NÃO = Valor 1
11. PACIENTE REFERE-SE AOS MEMBROS DA EQUIPE PELO NOME	Observar se durante o atendimento o paciente se refere aos membros da equipe pelo nome SIM = Valor 3 NÃO = Valor 1
12. SÃO PROVIDAS MEDIDAS DE CONFORTO AO PACIENTE	Observar se durante o atendimento a equipe se preocupa e provê medidas de conforto ao paciente SIM = Valor 3 NÃO = Valor 1
13. EXISTE COMUNICAÇÃO NÃO VERBAL ENTRE O PACIENTE E OS MEMBROS DA EQUIPE	Observar

II – RELACIONADOS AOS PROCEDIMENTOS

PUNÇÃO DA FAV

14. ANTISSEPSIA LOCAL ANTES DA PUNÇÃO	Verificar se antissepsia foi realizada com antisséptico aquoso SIM = Valor 3 NÃO = Valor 1

INSTRUÇÕES E CRITÉRIOS PARA PREENCHIMENTO DO INSTRUMENTO
AUDITORIA OPERACIONAL – HEMODIÁLISE

15. FIXAÇÃO COM MICROPORE	Verificar se a fixação está feita conforme estabelecido SIM = Valor 3 NÃO = Valor 1
DESLIGAMENTO DA HEMODIÁLISE 16. FAV – CURATIVO COMPRESSIVO NO LOCAL	Verificar se o curativo é realizado conforme descrito nos critérios SIM = Valor 3 NÃO = Valor 1 NÃO PERTINENTE = Paciente com cateter = Valor 0
17. CATETER – HEPARINIZAR E TROCAR CURATIVO	Verificar se o cateter foi heparinizado após o uso e foi trocado curativo SIM = Valor 3 NÃO = Valor 1

III – RELACIONADOS À PRECAUÇÃO PADRÃO

18. UTILIZAÇÃO DE LUVAS	Verificar se todos os funcionários utilizam luvas para manipular sangue e fluidos corporais e nos demais procedimentos SIM = Valor 3 NÃO = Valor 1
19. CUIDADOS COM PÉRFURO-CORTANTES	Verificar a existência de recipientes adequados para desprezar materiais pérfuro-cortantes (um no posto de enfermagem, um no isolamento e um no salão dos crônicos) SIM = Valor 3 NÃO = Valor 1
20. USAR LUVAS E AVENTAL NA LIMPEZA E DESINFECÇÃO DE EQUIPAMENTOS	Observar se todos os funcionários utilizam luvas e avental SIM = Valor 3 NÃO = Valor 1
21. USAR ÓCULOS, MÁSCARA, AVENTAL E LUVAS NO PROCESSAMENTO DE MATERIAIS	Observar se todos os funcionários utilizam óculos, máscaras, avental e luvas. SIM = Valor 3 NÃO = Valor 1

INSTRUÇÕES E CRITÉRIOS PARA PREENCHIMENTO DO INSTRUMENTO
AUDITORIA OPERACIONAL – HEMODIÁLISE

IV – RELACIONADOS A ANOTAÇÕES E REGISTROS

REGENERAÇÃO DAS RESINAS DO DEIONIZADOR	
22. REGISTRO DIÁRIO DO VALOR DO RESISTIVÍMETRO	Verificar no Relatório de Enfermagem, se existe registro diário SIM = Valor 3 NÃO = Valor 1
23. REGISTRO DA REGENERAÇÃO. SE RESISTIVÍMETRO INDICAR 100 mHos	Verificar na Ficha de Controle o registro da realização da regeneração SIM = Valor 3 NÃO = Valor 1
MÓDULO DE OSMOSE REVERSA	
24. DESINFECÇÃO QUÍMICA SEMESTRAL DOCUMENTADA	Verificar se existe registro na Ficha Controle de Limpeza SIM = Valor 3 NÃO = Valor 1
RESERVATÓRIO DE ÁGUA	
25. LIMPEZA INTERNA MENSAL, DOCUMENTADA	Verificar se existe registro na Ficha Controle de Limpeza. SIM = Valor 3 NÃO = Valor 1
CONTROLE DA QUALIDADE DA ÁGUA	
26. TESTE BACTERIOLÓGICO MENSAL, DOCUMENTADO	Verificar se existe registro na Ficha Controle de Qualidade da Água SIM = Valor 3 NÃO = Valor 1
27. CULTURA E PESQUISA FÍSICO-QUÍMICA SEMESTRAL DOCUMENTADO	Verificar se existe registro na Ficha Controle de Qualidade da Água SIM = Valor 3 NÃO = Valor 1

V – RELACIONADOS AOS EQUIPAMENTOS E MATERIAIS

CARRO DE EMERGÊNCIA	
28. LIMPAR SEMANALMENTE	Verificar na ficha de controle de limpeza se está documentada SIM = Valor 3 NÃO = Valor 1

INSTRUÇÕES E CRITÉRIOS PARA PREENCHIMENTO DO INSTRUMENTO
AUDITORIA OPERACIONAL – HEMODIÁLISE

IDENTIFICAÇÃO	
29. CAIXA PLÁSTICA (CONTENDO CAPILAR E EQUIPO) COM NOME DO USUÁRIO	Verificar se as caixas plásticas contêm capilar e equipo, com nome do usuário. SIM = Valor 3 NÃO = Valor 1
30. CAPILAR COM NOME DO USUÁRIO. TIPO E PRIMING INICIAL	Verificar se todas as caixas e sistemas estão devidamente identificados SIM = Valor 3 NÃO = Valor 1
MONTAGEM DO SISTEMA NA MÁQUINA	
31. VERIFICAR ENCAIXE DOS EQUIPOS	Observar se estão bem conectadas, sem vazamentos SIM = Valor 3 NÃO = Valor 1
32. VERIFICAR POSIÇÃO DAS PINÇAS DE SEGURANÇA	Observar se as pinças na extensão do infusor do sensor arterial (equipo arterial) e na extensão menor "cata-bolhas" (equipo venoso), estão bem posicionadas SIM = Valor 3 NÃO = Valor 1
REPROCESSAMENTO DOS SISTEMAS	
33. LIMPEZA INTERNA COM ÁGUA DEIONIZADA E PERÓXIDO DE HIDROGÊNIO	Observar se na presença de coágulos, é realizada a limpeza conforme os critérios estabelecidos SIM = Valor 3 NÃO = Valor 1
34. VERIFICAÇÃO DO PRIMING INICIAL APÓS A LIMPEZA	Verificar se há registro, no livro de reuso, após cada sessão. SIM = Valor 3 NÃO = Valor 1
35. VERIFICAÇÃO DO PREENCHIMENTO COM A SOLUÇÃO DE PERÓXIDO DE HIDROGÊNIO	Observar se equipos e capilares estão preenchidos com a solução SIM = Valor 3 NÃO = Valor 1

INSTRUÇÕES E CRITÉRIOS PARA PREENCHIMENTO DO INSTRUMENTO
AUDITORIA OPERACIONAL – HEMODIÁLISE

36. SISTEMA USADO EM PACIENTE PORTADOR DE HEPATITE	Observar se a limpeza é feita com aplicação de hipoclorito a 1% na superfície do material e lavagem do material com água e sabão após 10 minutos. SIM = Valor 3 NÃO = Valor 1
37. O SISTEMA ESTÁ EM LOCAL APROPRIADO	Observar se o sistema está em caixa plástica seca e guardado em local adequado SIM = Valor 3 NÃO = Valor 1
38. NÃO EXISTE DEIONIZADOR CAPILAR COM PRIMING MENOR QUE 20% DO INICIAL	Verificar registros no livro de reuso SIM = Valor 3 NÃO = Valor 1
39. NÃO HÁ NENHUM CAPILAR COM MAIS DE SEIS USOS	Verificar registros no livro de reuso SIM = Valor 3 NÃO = Valor 1
LIMPEZA EXTERNA DAS MÁQUINAS	
40. ENTRE OS TURNOS COM ÁLCOOL A 70%	Observar se a limpeza é realizada como preconizado
41. APÓS O ÚLTIMO TURNO COM ÁGUA E SABÃO	Observar se a limpeza é realizada como preconizado SIM = Valor 3 NÃO = Valor 1
LIMPEZA INTERNA DAS MÁQUINAS	
42. MÁQUINA À PROPORÇÃO, DESINFECÇÃO QUÍMICA E RINSE APÓS A ÚLTIMA SESSÃO; RINSE ENTRE AS SESSÕES.	Observar se a limpeza é realizada adequadamente SIM = Valor 3 NÃO = Valor 1
43. MÁQUINA TIPO TANQUE, DESINFECÇÃO COM HIPOCLORITO A 1% E ÁGUA DEIONIZADA POR 20 MINUTOS, ENXÁGÜE COM ÁGUA DEIONIZADA POR MAIS 20 MINUTOS.	Observar se a limpeza é realizada adequadamente SIM = Valor 3 NÃO = Valor

INSTRUÇÕES E CRITÉRIOS PARA PREENCHIMENTO DO INSTRUMENTO
AUDITORIA OPERACIONAL – HEMODIÁLISE

VII – RELACIONADOS AOS RECURSOS HUMANOS	
VACINAÇÃO CONTRA HEPATITE B	
44. TODOS OS FUNCIONÁRIOS DO SETOR SÃO VACINADOS	Verificar se todos os funcionários receberam vacina. SIM = Valor 3 NÃO = Valor 1
CARACTERIZAÇÃO DAS RESPONSABILIDADES	
45. ENFERMEIROS SÃO RESPONSÁVEIS PELOS PACIENTES GRAVES	Observar se cuidados à pacientes graves são executados por enfermeiro SIM = Valor 3 NÃO = Valor 1
46. DEMAIS FUNCIONÁRIOS TÊM ESCALA DOCUMENTADA	Verificar se existe escala SIM = Valor 3 NÃO = Valor 1
47. MÉDICO ESTÁ PRESENTE	Observar presença do médico no setor

Nota: Itens não avaliados – devido a fatores que inviabilizem a observação – devem ser registrados como Não Pertinente (NP = valor 0).

Optando pela Qualidade Numa Perspectiva de Mudança

Tamara Iwanow Cianciarullo

Os problemas relacionados à prestação de serviços de saúde à população, têm se destacado nos meios de comunicação em função dos seus resultados, situados num limite crítico de aceitabilidade tanto no âmbito dos profissionais da área quanto no dos usuários do sistema de saúde.

A devastação dos princípios mais elementares no atendimento às mínimas necessidades de uma clientela sem outras opções, que se situa em risco contínuo de vida, na dependência exclusiva de arquiteturas tecnológicas complicadas, parece um pesadelo kafkaniano, de onde apenas os que despertam conseguem escapar.

O Ministério da Saúde tem se preocupado em estabelecer normas, regulamentos técnicos e desenvolver instrumentos de gestão e definição de critérios mínimos para o funcionamento e avaliação dos serviços públicos e privados que realizam os procedimentos hemodialíticos, visando além disso definir um padrão de qualidade e segurança com o objetivo de reduzir as taxas morbi/mortalidade dos usuários deste sistema.

No entanto, sabe-se que na nossa sociedade, estas iniciativas não se sedimentam na prática, devido a inúmeros fatores que se situam desde a indisponibilidade de recursos financeiros e processos necessários à sua implantação, passando pela formação de recursos humanos compatíveis com as exigências deste tipo de tecnologia, até a forma ou os meios utilizados para o seu controle.

Neste cenário, maior ou menor número de regras não parecem garantir o sucesso de programas desta natureza. Detalhes de instalações de serviços e determinação dos níveis e prazos de controle não garantem a sua execução e conseqüentemente, não garantem as condições mínimas determinadas pela Portaria nº 2.042, de 11 de outubro de 1996, do Ministério da Saúde.

Os nossos dirigentes oficiais (ministros e secretários), há já um bom tempo, referem-se às limitadas condições de controle que as estruturas formais do ministério e das secretarias de saúde dos estados e municípios apresentam. Como então resolver este impasse? Se regulamentos são estabelecidos, condições são exigidas, responsabilidades são delimitadas, como articular estes elementos para garantir os resultados desejados? Como proceder para garantir, satisfazer ou alcançar os padrões mesmo que mínimos, nos serviços de hemodiálise, e conseqüentemente prover níveis de vida satisfatórios aos usuários destes serviços?

A enfermagem brasileira tem uma vivência importante, a ser considerada quando se discutem os assuntos referentes a padrões mínimos de qualidade, visto que as importantes iniciativas do Ministério da Saúde em 1978, geraram publicações até hoje disponíveis e não implementadas. Por outro lado, toda esta experiência adquirida na elaboração de padrões e no desenvolvimento de critérios de avaliação, definiu de forma indelével a preocupação dos enfermeiros brasileiros com o nível de assistência prestado pelas instituições públicas e privadas.

Hoje, as diversas experiências que se encontram documentadas, servem de modelo para a implementação de formas de garantir o alcance de resultados ou de pelo menos medir estes resultados, em relação ao alcance dos objetivos estabelecidos pelos órgãos formais ou pelas próprias instituições.

Há que se destacar ainda, a questão da ética, enquanto um compromisso profissional formalizado pela consciência de aceitar trabalhar em condições conhecidas ou percebidas como sendo de risco para os pacientes assistidos. A simples existência ou presença de um serviço necessário a um determinado grupo de necessitados, não deve superar a responsabilidade e o compromisso, de cada um dos profissionais envolvidos, com o processual estabelecido e com os resultados desejados, passíveis de medição num contexto interno e externo; em nível local, regional e nacional.

Neste contexto, a sociedade civil, representada pelas universidades, onde se desenvolvem e se produzem conhecimentos e tecnologia e pelos órgãos associativos tanto profissionais como leigos, tem um destaque importante. Se as instituições formais de controle, como o SUS e seus gestores não conseguem capacitar-se quantitativa e qualitativamente para o exercício destas funções, cabe às outras organizações, governamentais ou não, colaborarem, e por que não, buscarem novas formas de articulação e fomento, para garantir os resultados não apenas desejados, mas necessários à continuidade qualificada de viver dos clientes dos serviços de hemodiálise.

O Departamento de Assistência de Enfermagem do Hospital Universitário da Universidade de São Paulo (HU-USP), atuando desde 1981 com enfoque voltado para a QUALIDADE, desenvolveu, implementou e faz uso continuado de instrumentos específicos e gerais, objetivando obter indicadores de processos e de resultados das ações de enfermagem.

Produziu no decorrer destes quase vinte anos importantes contribuições na área da saúde, sendo referência da Organização Mundial da Saúde e na área da Qualidade Assistencial, como pioneira da sua instrumentalização e utilização de indicadores.

Todas as Unidades de Enfermagem têm padrões e critérios explicitados, elaborados pelos enfermeiros das próprias unidades, com seus respectivos instrumentos de análise; o Departamento por sua vez mantém um Grupo de Estudos de Padrões e Auditoria (GEPA), cuja responsabilidade é analisar os processos cuidativos executados nas diferentes unidades e elaborar os relatórios de auditoria retrospectiva e operacional, encaminhando-os para as unidades de origem, para o Serviço de Educação Continuada, para as respectivas Diretorias e para a Diretoria do Departamento. Destaca-se, no entanto, que o melhor do processo como um todo, constitui-se na oportunidade que se apresenta aos enfermeiros do próprio GEPA, que ao participarem dos procedimentos de análise dos resultados da auditoria interna, selecionam e divulgam as informações obtidas, antes da divulgação formal dos relatórios, fato que contribui de maneira consistente com a expressiva sensibilização dos enfermeiros e funcionários das unidades analisadas, permitindo uma rápida e eficaz tomada de decisões, em clima de participação contínua e resolutiva.

OS INDICADORES E SUA UTILIZAÇÃO

Os procedimentos relativos à obtenção dos indicadores já foram amplamente discutidos nos Capítulos 6 e 7, aqui passaremos a analisar a utilização dos resultados das análises realizadas.

Um dos aspectos mais importantes dos processos de controle caracteriza-se pela forma, estrutura e potencialização dos resultados obtidos por meio da análise dos processos cuidativos, no âmbito institucional. Saber usar os resultados obtidos parece ser tão difícil quanto a execução do plano de sua implementação.

Os instrumentos elaborados a partir dos padrões e critérios de cuidados de enfermagem, pertencem a dois grupos distintos um que se processa após o fato ou acontecimento (documentado), e outro que se caracteriza pelo momento da própria execução do procedimento, ou durante o acontecimento observado.

A estrutura dos dois processos está representada pelos instrumentos utilizados e que permitem uma visualização do fenômeno ou fato observado ou documentado. Como já foi descrito, existem itens comuns a todas as unidades e outros que são específicos relacionados às características próprias dos pacientes e de suas condições.

O processo de análise dos resultados ocorre em três níveis principais:

⇒ Nível I, quando a enfermeira responsável pela auditoria da unidade processa os resultados, obtendo indicadores individuais (de cada paciente analisado) e da unidade no período analisado; em cada um dos itens e em cada uma das partes do instrumento;

⇒ Nível II, quando a enfermeira responsável pela auditoria da unidade apresenta os dados obtidos e sua análise aos outros membros do GEPA, que consolidam ou não os resultados no contexto do hospital;

⇒ Nível III, quando o relatório final consolidado é encaminhado aos diferentes serviços, sofrendo uma nova avaliação, à luz de outros dados disponíveis em outros níveis de gerência.

A primeira análise (nível I) acontece durante a execução dos procedimentos de auditoria, quando a enfermeira analisando o prontuário de cada paciente ou acompanhando procedimentos, tratamentos, cuidados e outros tipos de intervenção, obtém valores para cada item do instrumento que podem ou não se repetir em outras observações.

Esta análise pressupõe, um apurado senso de valor, subsidiado pelo treinamento recebido e explicitado pelos valores 3, 2 e 1. Assim, os dados obtidos podem ser analisados a partir de cada um dos itens, do conjunto de itens (constituindo as partes) e do conjunto de partes, explicitando o indicador de qualidade de assistência para aquele paciente específico.

Cada item ou o conjunto de itens (cada uma das partes), de todos os pacientes auditados da unidade, submetido a uma análise posterior, permite uma visualização da unidade, objeto da avaliação, em seus aspectos específicos discriminados pelos itens ou pelas partes. Ou seja, o perfil da unidade pode ser expresso pelos indicadores globais ou específicos (representados pelos componentes dos instrumentos, itens ou partes).

Como exemplo podemos situar os itens 1 e 2 do instrumento, que compõem a Área I; se o conjunto dos itens especificados nas instruções não obtiver um percentual de aderência ao valor três igual ou superior a 80; os instrumentos de análise deverão subsidiar a elucidação do motivo, ou conseqüências desta omissão. A enfermeira auditora elabora o seu relatório, indicando os pontos fortes (valores três) encontrados para as Áreas, como também os pontos fracos (valor um). Relata ainda se os conjuntos de valores superam as expectativas, para mais e para menos.

EXEMPLO:

Área I – Levantamento de Dados: espera-se na instituição que todos os impressos do paciente utilizados pela enfermagem sejam identificados com: nome completo e número de atendimento e que a entrada do paciente no Programa seja documentada com as seguintes informações: origem, diagnóstico, condições físicas e emocionais, alimentação, hidratação e eliminações, referência a conhecimento sobre a doença e tratamento, sorologia para hepatite e HIV, vacinação, inscrição em programa de transplante, dúvidas referidas e orientações ministradas.

Valor 3   57,1% (valor esperado 80%)
Valor 2   28,6% (valor esperado até 15%)
Valor 1   14,3% (valor esperado até 5%)

Analisando os dados acima, o indicador desejado para esta área não foi alcançado, visto que, apenas 57,1% do total de itens foram qualificados com valor três; o valor dois encontrado, correspondeu a 28,6% e o valor um chegou a 14,3%. Este resultado, indica a necessidade de uma intervenção importante, objetivando o aumento do valor três encontrado e a diminuição dos valores dois e um.

Verifica-se a seguir o alcance de cada item analisado, visando a identificação daquele que possivelmente contribuiu para a definição do baixo valor 3 e dos altos valores 2 e 1, e procede-se a sua caracterização no relatório, definindo o ponto de intervenção, em nível da unidade.

Os dados são apresentados no Relatório, apenas em relação às Áreas e seus percentuais, destacando-se os itens que têm uma importante influência nos indicadores altamente positivos e negativos, possibilitando uma visualização global de cada unidade e posteriormente do hospital como um todo.

No segundo nível de análise, os dados são apresentados ao GEPA, que após discutir cada um dos itens, no conjunto das unidades analisadas, verifica as semelhanças e divergências encontradas nos dados do hospital como um todo ou de parte dele, como por exemplo, nos recém-nascidos do berçário, do alojamento conjunto e da UTI neonatal.

Este nível de análise, permite identificar as necessidades de abordagens especiais nos processos de supervisão e de educação continuada, no âmbito de cada unidade, no conjunto de unidades ou no hospital.

O terceiro nível de análise, diz respeito ao suporte que este relatório, já consolidado, oferece aos gestores dos diferentes serviços de enfermagem e da Diretoria do Departamento. Se a utilização deste relatório for estimulada, no sentido de fundamentar decisões gerenciais, assistenciais e educacionais, no âmbito da Educação Continuada e dos demais serviços, os processos de gestão estarão respondendo aos déficits encontrados em consonância aos objetivos da instituição, do Departamento e dos Padrões de Assistência das Unidades. Os funcionários, por sua vez, mostram-se aderentes e motivados para as mudanças, quando têm acesso aos indicadores positivos e negativos dos seus processos de trabalho.

Os resultados da auditoria operacional, são processados da mesma maneira, diferenciando-se nas questões específicas e na forma de elaborar o Relatório, visto que o processual direciona-se para o acompanhamento do cliente em seu trajeto na unidade.

Há que se destacar ainda que as diretrizes estabelecidas pelo Ministério da Saúde, fazem parte desta seqüência garantindo a observância dos princípios de biosegurança, dos padrões mínimos estabelecidos pelo Ministério, acrescidos dos Padrões estabelecidos pela instituição, buscando determinar o nível de alcance dos indicadores assistenciais obtidos.

Este é um dos destaques desta contribuição dos enfermeiros do HU-USP, além da proposta de implantação dos padrões mínimos preconizados pelo Ministério, um componente mandatário para qualquer hospital de ensino, este vai além e produz complementos importantes, que operacionalizados, contribuem de forma significativa para o bem estar do paciente que se submete ao processo de hemodiálise e para segurança dos funcionários que lidam com situações de risco em seu ambiente cotidiano de trabalho.

Os resultados são apresentados sob três enfoques principais:

⇒ Os que se referem aos pacientes – desde a sua admissão, localização, formas de interação com os funcionários, aprendizagem e segurança;

⇒ Os que se referem aos funcionários em geral – procedimentos, seguimento das precauções padrão, vacinação, anotações, registros e responsabilidades;

⇒ Os que se referem à estrutura e preparo de equipamentos – destinação adequada, preparo, processamento, limpeza, desinfecção, identificação de condições, entre outros.

Estes enfoques definem as questões assistenciais, educacionais, documentais e processuais, a serem analisadas, permitindo uma clara e rápida identificação dos pontos vulneráveis dos processos de trabalho vigentes.

Outro aspecto a ser destacado, define-se pelo Banco de Dados construído à medida que os processos de auditoria são documentados e informatizados, gerando uma importante fonte de dados para a análise da qualidade técnica, científica e administrativa, preconizada pelo Código de Saúde do Estado de São Paulo (São

Paulo, 1995). Este Código, gerado pelo trabalho incansável do Deputado Roberto Gouveia, trouxe alguns indicadores importantes para as instituições de saúde do Estado de São Paulo, entre os quais a questão da QUALIDADE nos serviços de saúde e a caracterização da necessidade do apoio e vigilância da sociedade, na promoção, defesa e recuperação da saúde, individual ou coletiva.

O Departamento de Enfermagem do HU-USP, por meio do GEPA e das publicações geradas a partir das suas vivências dos processos assistencias fundamentados nos princípios da qualidade, acrescidas dos processos de ensino-aprendizagem, compatíveis com as finalidades de um Hospital Universitário, contribuem com a elaboração, teste e implementação de instrumentos de avaliação da qualidade da assistência prestada aos pacientes em serviços de hemodiálise.

O processo inovador não termina na apresentação apenas de mais um modelo de controle de qualidade assistencial; além de definir contextos, caracterizar itens de medição e formas de análise, o grupo do GEPA vai além produzindo instrumentos passíveis de serem utilizados em quaisquer contextos e circunstâncias, com indicação de condições de estrutura e recursos necessários para a sua implementação, e propondo sistemas de análise e avaliação testados e validados em serviços similares e com suporte informatizado para a elaboração dos relatórios. Esta contribuição define, no meu modo de ver, uma instituição comprometida com a realidade acadêmico-assistencial, embora tenha as mesmas dificuldades que outras instituições similares apresentam, em relação aos déficits de recursos financeiros, humanos e tecnológicos.

Este último aspecto caracteriza o processo vivenciado e amadurecido no âmbito do controle de qualidade da assistência de enfermagem pelos enfermeiros do HU-USP, que a partir de 1998 terão condições de oferecer mais este suporte aos movimentos voltados para a QUALIDADE DA ASSISTÊNCIA AO PACIENTE NOS SERVIÇOS DE HEMODIÁLISE.

REFERÊNCIAS BIBLIOGRÁFICAS

BRASIL, Ministério da Saúde. Portaria n° 2.042, de 11 de outubro de 1996. D.O. Seção I.

BRASIL. Ministério da Saúde. Organização Panamericana de Saúde. *Padrões mínimos de assistência de enfermagem de recuperação da saúde:* informe final. Brasília, Centro de Documentação do Ministério da Saúde, 1979.

SÃO PAULO (Estado). Lei Complementar n° 791, de 9 de março de 1995. Diário Oficial do Estado, São Paulo, 10 de mar. de 1995.

Você já leu:

  Este é um dos livros da Série **C&Q – Controle e Qualidade** que a *Ícone Editora* está desenvolvendo para você.
  O livro Teoria e Prática em Auditoria de Cuidados aborda os problemas na área da saúde, oferece os resultados de um processo, que se implementado nas instituições hospitalares de forma contínua e responsável, muito contribuirá para o gerenciamento voltado para a qualidade assistencial.
  As estratégias, os impressos e os critérios são apontados de forma simples e didática. Os resultados de um ano de utilização da auditoria em um hospital universitário, são analisados e discutidos, subsidiando a compreensão dos critérios utilizados.
  O processo discutido na obra já se encontra implantado em cinco hospitais públicos e privados, caracterizando um importante movimento direcionado para a Qualidade na Assistência à Saude da população necessitária.